Hermann Vámbéry

Russlands Machtstellung in Asien

Europäischer Geschichtsverlag

Hermann Vámbéry

Russlands Machtstellung in Asien

1. Auflage | ISBN: 978-3-73400-234-2

Erscheinungsort: Paderborn, Deutschland

Erscheinungsjahr: 2015

Europäischer Geschichtsverlag ist ein Imprint der Salzwasser Verlag GmbH, Paderborn.

Nachdruck des Originals von 1871.

Russlands
Machtstellung in Asien.

Eine historisch-politische Studie

von

Hermann Vámbéry,

ordentl. Professor der orientalischen Sprachen an der königl. Universität
zu Pest.

Leipzig:
F. A. Brockhaus.

1871.

Vorwort.

Durch sein jüngstes Auftreten, betreffend die Revision des Pariser Vertrags von 1856, hat Russland ganz Europa, trotz des gewaltigen Kampfes im Westen, der alle Aufmerksamkeit der Politiker zu absorbiren schien, in nicht geringe Aufregung zu versetzen gewusst. Alle Welt ist nun in politische Combinationen ob dieser Frage vertieft und wünscht mit den innern und äussern Verhältnissen des russischen Reiches vertraut zu werden. Eine kurze Schilderung dieser Verhältnisse, namentlich was Asien belangt, zu liefern, hat sich dieses Schriftchen zur Aufgabe gestellt, das ich nun um so bereitwilliger dem Drucke übergebe, da es schon längst vorbereitet war und der Veröffentlichung harrte.

Auf exact historischen Werth will das Schriftchen keinen Anspruch machen; hat mich doch bei der Ausarbeitung desselben nur die Idee geleitet, dem deutschen Lesepublikum eine kurze, übersichtliche Skizze von der russischen Machtentwickelung und Machtstellung in Asien zu liefern, was ich auch erreicht zu haben meine.

Dem in dem Heftchen Gesagten dient einerseits meine mehrjährige Erfahrung in Bezug auf die Ereignisse der

Gegenwart zur Grundlage, andererseits, vorzüglich die Vergangenheit betreffend, habe ich mich an die in London 1854 unter dem Titel „The progress and present position of Russia in the East" von *Mac Neil* erschienene ausgezeichnete Schrift gehalten.

Pest, 1. December 1870.

H. V.

I.

Ob die Gleichgültigkeit, mit welcher die europäische Leserwelt das von Tag zu Tag grössere Dimensionen annehmende Gebäude des russischen Staates anblickt, dem in der neuesten Zeit immer mehr um sich greifenden Princip des Nil admirari zuzuschreiben sei, oder ob die allzu grosse Entfernung von dem Schauplatze, auf welchem Russland seine fieberhafte Thätigkeit entwickelt, die überraschende Apathie unserer Politiker hervorgerufen — ist eine Frage, deren Beantwortung gerade nicht leicht ist. Ein Räthsel bleibt jedenfalls der Umstand, dass wir dieser wichtigen Frage sowol in der Tagespresse als auch in grössern politischen Schriften nur selten entgegentreten. Ueber die entferntesten Punkte des Maorilandes, Westamerikas, Chinas und Japans, über die kleinlichsten Details unserer einheimischen Zänkereien, unserer viellärmenden und wenig sagenden Politik werden Broschüren und ganze Bände zusammengeschrieben, während dieser höchst wichtige Gegenstand nur hier und da berührt und gar selten eingehend besprochen wird. Und wahrlich, diese Fahrlässigkeit hat schon genug des schädlichen Unkrautes der Unwissenheit zu Tage gefördert! Spricht man von der Grösse Russlands, so begegnet man heutzutage noch immer derjenigen Theorie, welche naserümpfende Optimisten noch vor 50 Jahren hinsichtlich der grossen Wüsteneien und der Menschenleere russischer Besitzungen verbreiteten, obwol sich beispielsweise dasjenige Sibirien, bei dessen Namen uns ein kalter Schauer überläuft, immer mehr und mehr mit blühenden Colonien füllt und von einer der grössten Handelsstrassen des russischen Reiches durchschnitten wird. Wir haben asiatische Kriegshorden an der Seine und an den Ufern der Donau als Arbitratoren europäischen Völkerwillens auftreten gesehen, und dennoch reibt sich so mancher wohlbehaglich die Hände und fühlt sich ganz beruhigt, wenn man ihm Russland als eine streng asiatische Macht schildert, die bei uns keine andere Zukunft haben wird, als etwa die Rolle eines Friedensapostels zu spielen, in welcher es auch erst vor einiger Zeit beim Congress behufs Abschaffung der mörderischen Kriegswaffen debutirte.

Es wäre wirklich schon die höchste Zeit, diese alte Schablone politischer Anschauung zu verwerfen und über die wahre Sachlage russischer Zustände in Asien genaue Nachrichten einzuholen, damit wir aus der richtigen Erkenntniss der gegenwärtigen Lage Russlands das Bild seines zukünftigen Einflusses und Wirkens zusammenstellen können. Ein derartiges Streben ist erstens durch das unmittelbare Interesse unserer europäischen Verhältnisse gerechtfertigt, zweitens werden wir hierdurch zur Erkenntniss eines solchen politischen Phänomen geführt, welches mit keinem bisherigen verglichen werden kann. Die gigantischen Reiche Alexander's des Grossen, Dschengiz Chan's, Timur's, Nadir's und Napoleon's I. hören auf, unsere Verwunderung zu erregen, wenn wir auf die Macht der Cäsaren an der Newa hinblicken. Denn was ist der grösste Ländercomplex, den diese Welterschütterer mit Hülfe der launigen Fortuna zusammengekittet, im Vergleiche zu jenem Reiche, welches das Haus Romanoff seit 180 Jahren vom Ochotzkischen Meerbusen bis zur Weichsel und Donau begründete?! Was erstere ohne sichere Basis in Glückeshast aufgebaut, musste auch ebenso schnell zusammenstürzen, während sich das Werk Russlands erst jetzt auf dem sorgfältig gelegten Fundamente zu heben beginnt und schon mit seinen Schatten weit über jene hinausragt.

Es ist wol wahr, wenn wir die physischen und moralischen Vortheile in Anbetracht nehmen, welche Russland zum erlangten Resultate verhalfen, so wird manches schwinden, was uns als wunderbar und ausserordentlich erscheint; wir werden darin die ununterbrochene Kette jener unausbleiblichen Folgen entdecken, welche ähnliche geo- und ethnographische Verhältnisse, ähnliche geschichtliche Begebenheiten und politische Constellationen auch anderswo hervorgerufen hätten; doch das benimmt der Frage nichts von ihrem Interesse, trägt vielmehr dazu bei, von den Naturgesetzen, nach welchen sich die Macht Russlands bis heute entfaltet hat, auch auf die fernere eventuelle Ausdehnung desselben schliessen zu können. Was nicht genügend beobachtet wird, kann nicht gründlich besprochen werden, und wo es an gründlicher Erörterung fehlt, da müssen Unwissenheit und falsche Beurtheilung auch schnell um sich greifen. So finden wir, dass das gigantische Heranwachsen Russlands, da es, ohne die Nerven des sensationssüchtigen Publikums zu reizen, nicht plötzlich, sondern allmählich zur Thatsache geworden ist, entweder nicht genügend beobachtet oder zu sehr angestaunt, zumeist aber ganz irrigen Ursachen zugeschrieben wird. Und doch, wie natürlich erscheint nicht das Resultat, wenn wir die einzelnen Factoren des ganzen Processes in Augenschein nehmen, wenn wir sehen, wie geographische Lage, sociale und politische Verhältnisse den russischen Bestrebungen behülflich sein mussten und auch in der Zukunft behülflich sein werden.

Seiner geographischen Lage zufolge war das russische Grossfürstenthum, als Herr des Binnenlandes zwischen der Wolga und dem Dnieper — auf welchen Flüssen es am Tage der Eroberung leicht abwärts gelangte — am meisten begünstigt, seine Grenzen auf Kosten der kleinen Völkerschaften, die es umgaben und die durch ihre wilde und ungestüme Lebensweise auch die meisten Wirren veranlassten, zu erweitern. Im Besitze eines solchen Territoriums, welches die Schwelle zwischen Europa und Asien bildet, war das Lauern auf günstige Momente in den beiden Welttheilen ein leichtes und gefahrloses Unternehmen. Die ersten Schritte zur Machterweiterung wurden auch nur in Asien gethan, denn nur durch die Kriege und Raubzüge, welche die russischen Grossfürsten in die Gegenden des Ural entlang der Wolga und in die Gegenden des Kaspischen Meeres unternahmen, konnte jene sichere Basis gelegt werden, auf welcher dann später Peter der Grosse bei seinem Auftreten gegen Europa, namentlich gegen Schweden und Polen fussen konnte. Diese Taktik, in Europa zu ruhen, wenn man in Asien Krieg führt, oder umgekehrt, ist seitdem auch beinahe immer befolgt worden; trotz aller schlechten und unwegsamen Communicationsmittel sind die in dem einen Welttheile erlangten Vortheile stets in dem andern verwendet worden und so wie sich die Völker zum Verluste ihrer Freiheit unter Russlands Leitung gegenseitig behülflich waren, ebenso konnten die territorialen Errungenschaften in der einen Gegend zu neuen Eroberungen in einer andern verwerthet werden.

Was seine gesellschaftlichen Beziehungen betrifft, so ist Russland dem Geiste nach von europäischer Structur, dem Körper nach von asiatischer Substanz, oder um mich klarer auszudrücken: Die Intelligenz, Beamtenkaste oder herrschende Klasse, an deren Spitze das Herrscherhaus steht, haben einen Anflug von europäischer Bildung, sind von abendländischem Geiste angehaucht, während die grossen Massen Asiaten von Schrot und Korn sind und sich trotz dem doppelten Eifer, mit dem sie dem Doppelkreuze anhangen, nicht um ein Haar breit von den asiatisch-buddhistischen und mohammedanischen Glaubensbekennern unterscheiden, ja, an allen Gebrechen und Lastern, die wir den Orientalen vorwerfen, noch hundertfach mehr kranken. Kann es uns daher wundern, wenn aus der Verschmelzung solch heterogener Geisteskräfte, wie es die des Abend- und Morgenlandes sind, Factoren geschaffen wurden, denen wir noch nirgends, in keiner Epoche der Weltgeschichte begegneten?

Der europäische Geist zeichnet sich bekanntlich durch Ausdauer, unermüdliche Kraftanstrengung, mannbares Auftreten und durch einen gewissen Grad des Vertrauens auf seine eigenen Kräfte aus; der Asiate hingegen ist den Schicksalsfügungen blind ergeben; vom Fanatismus geleitet, schiesst die Strohflamme seines Eifers oft wild in die Höhe, doch muss er im Bewusstsein der durch Ueberspannung leicht eintretenden Erschlaffung seiner Nerven zur List und Unterthänigkeit seine Zuflucht nehmen. Wo diese, auf verschiedenen Culturzuständen beruhenden Erscheinungen vereint auftreten, können sie trotz ihrem Contrast dennoch sich beiderseitig unterstützend aufeinander wirken. Fanatismus hat in Ausdauer eine gute Gefährtin, wo europäische Kraftanstrengung nichts ausrichten kann, wird asiatische Schlauheit ins Treffen geschickt, und ist Russland je überlistet worden, so war es gleich bereit, mit Indignation dieses asiatische Laster an andern zu rügen und auf seinen eigenen, starren, festen, schnurgeraden, europäischen Lebenswandel hinzuweisen. Ja man braucht nur die Geschichte des russischen Staatswesens, das Wirken seiner Diplomatie zu kennen, um einzusehen, welche staunenswerthen Dienste diese Ideenamalgamation von jeher geleistet hat. — Nicht minder erspriesslich waren die socialen Verhältnisse Russlands gegenüber jenen Elementen, die es in Asien zu bekämpfen hatte. Russland hatte es hier meistens mit dem Islam und dem Buddhismus zu thun, diesen beiden ist es durch seine, wenn auch noch so sehr befleckte Lehre Christi überlegen, beide standen sich und stehen noch heute einander im wilden Antagonismus gegenüber, sodass an ein gemeinschaftliches Wirken, selbst dort, wo es locale Verhältnisse ermöglichen, ja gebieten würden, nicht zu denken ist. Die Länder, wo diese religiösen Gebrechen herrschen, sind durch dieselben staatlich krank oder schon ganz verschieden; das asiatische Russland hingegen hat sich infolge seiner engen Berührung mit Europa, oder durch die individuellen Vorzüge seiner Herrscher erst im vergangenen Jahrhunderte innerlich geheilt, denn die Regierung hat nur äusserlich den Beigeschmack asiatischer Denkungsweise beibehalten, um, wenn es nöthig ist, mit asiatischen Rivalen desto besser fraternisiren zu können.

Und waren etwa Russlands staatliche Beziehungen nicht von jeher vorzugsweise fördernd für seine Zwecke?

Als Russland mit seinen Eroberungsgelüsten und Erweiterungsplanen auftrat, war es in Europa und in Asien für so geringfügig und unbedeutend angesehen, seine Culturzustände waren in den Augen der Europäer und Asiaten so barbarisch und wild, das Land und seine Hülfsquellen so unbeachtet, dass sein Machtgebaren eher verspottet und ausgelacht als gefürchtet wurde. Russische Nationalsitten und russische Cultur wurden im Anfange des vergangenen Jahrhunderts nicht nur von den sich nach Moskau begebenden europäischen Diplomaten und Reisenden arg verschrien, sondern selbst am Hofe zu Isfahan waren die russischen Gesandten infolge ihres niedern Bildungsgrades mit den nomadischen Kurden und Turkomanen in Eine Kategorie gestellt worden. Sie standen zu ihrer Nachbarwelt ungefähr in demselben Verhältnisse wie die rauhen Macedonier zu den verfeinerten Athenern, und dieser Umstand erleichterte es auch wirklich einem Peter dem Grossen und einer Katharina II., die Rolle eines Alexander des Grossen zu übernehmen. — Russland hatte, was in erster Linie als Factor seiner bedeutenden Machtentfaltung angesehen werden muss, die strenge autokratisch-despotische Regierungsform am längsten in Europa beibehalten, eine Autokratie, wie sie selbst in Asien nirgends anzutreffen war und die zu Eroberungen, zur Ausführung egoistischer Plane weit besser geeignet ist als irgendeine auf Constitutionalismus, Verantwortlichkeit und Volkswillen basirende Verfassung. Niemand wird es heute mehr in Abrede stellen, dass es einer liberalen Regierung viel leichter ist, das eigene Land zu beglücken und zur Blüte zu bringen, als das Nationalvermögen zu Eroberungen, zur Unterjochung anderer Völker, es mag dies die Ruhmsucht auch noch so sehr anspornen, zu verwenden. England ist durch die Ambition der Torypartei, durch den Hang nach Abenteuern, durch den mercantilischen Geist seiner Bewohner, durch das Verlangen, fremde Völker zu civilisiren, in den Besitz seiner Colonien gelangt; Russland ist überall von asiatischer Eroberungslust, von Durst nach Macht, von unbändigem und unersättlichem Hunger nach Land angestachelt worden. In England ist die streng liberale Partei schon heute der Colonien überdrüssig, und weit entfernt, an Anglisirung zu denken, möchte sie das Gängelband, an welchem so viele unmündige Völker Asiens, Australiens und Amerikas europäisch gehen lernen, schon gern einziehen, während die Herrscher an der Newa, anstatt die grossen Massen des russischen Volkes von der ganz niedern Stufe der Cultur emporzuheben und den Ertrag des Bodens zum Nutzen des Landes zu verwerthen, immer nach neuen Besitzungen lechzen, den Zahlenbestand ihrer Unterthanen mit frischen Millionen zu vermehren suchen, die man dann für die verlorene Unabhängigkeit als Ersatz mit der russischen Cultur zu entschädigen glaubt.

Diese erwähnten dreifachen Vortheile sind es, welche Russland, das obendrein noch von einem Glücksstern beleuchtet wurde, zu seiner jetzigen Grösse verholfen haben. Von den geschichtlichen Verhältnissen, von der Fahrlässigkeit und den Zänkereien Europas begünstigt, fährt es auch jetzt noch im stillen fort, am Werke der Vergrösserung mit solchem Eifer zu arbeiten, als ob es diese Arbeit erst gestern aufgenommen hätte. Am merkwürdigsten aber ist es, dass alle erstaunliche Macht und imponirende Grösse nur selten Muthwillen, Selbstüberschätzung oder Selbstbewunderung, welchen Nationen wie Individuen im Glückstaumel anheimzufallen pflegen, in ihm angeregt haben. Wol werden aus dem petersburger Cabinet hier und da Noten festen und drohenden Tones ausgeschickt; doch hindert das nicht andererseits, wo der leise Verdacht einer schädlichen Contrepolitik rege geworden, behutsam, ja ich möchte sagen furchtsam, innezuhalten; denn wie sehr auch so mancher überzeugt sei, dass sich der gewaltige Strom russischer Macht überall ungehindert hinwälzen kann, so denken doch die russischen Politiker selbst ganz anders. Heute noch wie vor 200 Jahren ist es trotz der zeitweise auftretenden Mentschikoff'schen Reitstiefel einzig und allein die Nüchternheit der mit grosser Vorsicht und Fassung, mit seltener Umsicht und Taktik vorgehenden Politiker, welche die Nachbarn in den Schlaf der Sicherheit einlullt. Diese, in die Mysterien der asiatischen Verstellungskunst nicht eingeweiht, haben oft russische Eroberungswuth für ein edles Verlangen, Menschen zu beglücken, angesehen; schlaue Vorsicht wurde oft als Mässigung und Grossmuth ausgelegt; Handlungen per fas et nefas wurden, da sie zumeist gegen Asiaten und sogenannte Barbaren ausgeführt wurden, für christlich gerecht erklärt, so ist das geschickte Gaukelspiel bis heute gelungen. Dasselbe wäre gewiss lange noch fortgesetzt worden, hätte nicht die lange gefürchtete und sorgfältig vermiedene Collision mit irgendeiner europäischen Macht in Asien die Nothwendigkeit einer neuen Politik hervorgerufen. Russland wird es in Asien bald nicht so sehr mit Asiaten als mit Europäern zu thun haben; der gewaltige Rivalitätenkampf wird, wie sehr auch Europa aus Scheu, seine begangenen Fehler einzugestehen, an demselben zweifelt, wird doch gefochten werden müssen; es wird, wenn auch kein erhabenes, doch ein höchst wichtiges Schauspiel sein, und da uns zur vorläufigen Orientirung die genaue Kenntniss der russischen Machtstellung nöthig ist, so wollen wir, mit zeitweiligem Hinblick auf den geschichtlichen Verlauf der res gestae, das Bild derselben bündig, aber naturgetreu entwerfen, und da wir die russische Grenzlinie von Westen gegen Osten zu durchziehen gedenken, gleich bei der Türkei beginnen.

II.

Wenn auch die Reiche, welche Russland dem türkischen Kaiserreiche seit Peter dem Grossen abnahm, verhältnissmässig nicht so gross sind, so können sie doch vom Gesichtspunkte des moralischen Werthes angesehen als spolia optima jener Beute gelten, zu welcher Russland im Verlaufe seines Kampfes gegen den Islam gelang. Im Moment, wo das moskowitische Doppelkreuz am Pruth, am Dnieper und an den Küsten des Asowschen Meeres über den islamitischen Halbmond zu triumphiren begann, da fing sich auch der mächtige Kampf der Alleinherrschaft über mehr als die Hälfte Asiens zu entscheiden an. Wie es scheint, war keine der kämpfenden Parteien der grossen Tragweite des Erfolges oder Verlustes genügend bewusst, keine ahnte es, dass es sich hier um einen Anfang und ein Ende handle; und dennoch war es so. Seit dem Sturze des Chalifats in Bagdad hatte der Islam sein gesetzliches Haupt, seit dem Tode Timur's hatte das Türkenthum seinen leitenden Chef eingebüsst. Nationalität war in Asien stets der Religion untergeordnet, und als Selim II. nach der Besiegung Toman Bey's in Aegypten durch einen kühnen Sprung sich auf den Thron des Chalifats schwang, da glaubten die Herrscher des Hauses Osman's durch die Consolidirung der einen Suprematie auch in den Besitz der zweiten zu gelangen. Factisch hatte man an den Ufern des Bosporus wol nie die Vereinigung und Beherrschung des ganzen Türkenthums angestrebt; es war dies ein Fehler, der um so mehr zu rügen ist, wenn man in Erwägung zieht, um wie viel es nützlicher gewesen wäre, die zur Verwüstung Osteuropas vergeudeten Kräfte lieber zur Consolidirung einer grossen Türkenmacht, welche sich vom Innern Chinas bis zum Balkan erstreckt hätte, zu verwenden. Es war aber trotz der Fahrlässigkeit der Osmanlis immer ein geistiges Zusammenhalten bei der grossen Familie der Türken zu bemerken. Ob unter dem Filzzelte auf der grossen Steppe Mittelasiens, ob unter chinesischer Suprematie in den Thälern des Thien Schan-Gebirges lebend, ob Turkoman, Kirgis oder Oezbeg, stets hat der Türke mit Stolz auf seinen Bruder, den Osmanli, hingeblickt, der im fernen, reichen und gebildeten Rum (Westen) Völker unterjocht, Schätze erobert, sich eine Heimat gegründet und, was bei ihm am meisten galt, durch Erlangung des Chalifats sich die höchste hierarchische Würde erworben hat. Sympathie war daher stets vorhanden. Was die schläfrigen Efendis in der reizenden Siebenhügelstadt vernachlässigt, das hätte somit eine spätere Generation leicht verbessern können. Doch seitdem sich die Gerüchte von den Niederlagen, welche die vermeintlich starke Armee des türkischen Chalifen von den Waffen des verachteten Urus erlitten, verbreitet hatten, da war es gar bald auch um die nationale Sympathie der Osmanlis gethan. Es war die erste Phase jenes Kampfes, aus welchem ein Christ als Beherrscher des Islams, ein Russe als Beschützer der grossen Türkenfamilie siegreich hervorgehen sollte. Denn sowie Russland, welches heute Tataren, Nogaiern, Baschkiren, Kirgisen, Tschuwaschen, Altaiern, Oezbegen, Turkomanen und Azerbaidschanern befiehlt, das schon sein Damoklesschwert über dem Haupt der Osmanlis hängen lässt und obendrein noch den ganzen finnisch-ugrischen Stamm unter sein Scepter gebracht hat, unstreitig der Herr der ganzen turanischen Familie geworden ist (denn nur die Chinesen im Osten und die Magyaren im Westen, beide seiner Umarmung nahe, fehlen noch in dem Verwandtenkreise der Glücklichen); ebenso sind die orthodoxen Herrscher an dem Ufer der Newa schon heute als die gefährlichsten und meist erbitterten Feinde des Islams bekannt; ja die klaffenden Wunden, welche die Lehre Mohammed's der Griechischen Kirche unter den Komnenen beibrachte, werden bald unter den Fahnen der Romanoff an dem Islam mit dem Todessturze geräcth werden können.

Nicht minder interessant wie der noch zweifelhafte Ausgang dieses Kampfes zwischen den beiden Rivalen ist auch der Anfang. Hier war es eine vom Zenith der Grösse mit Riesenschritten abwärts schreitende Dynastie, gestützt auf eine vom Ruhme verhätschelte, vom Glücke verweichlichte Prätorianerarmee; dort eine frisch aufkeimende, von Lebenskraft strotzende Herrscherfamilie, welche sich auf die Treue einer blind ergebenen, auf die Stärke ihrer vom nordischen Klima abgehärteten Truppe lehnte. Während der eine Herrscher die Regierungssorgen in den Falten der weichen Kissen der Haremsruhe zu vergessen suchte, stand der andere sammt seiner Frau an der Spitze einer Armee, mit welcher er Hunger, Durst, ja alle Gefahren des Krieges theilte. Wäre dies nicht der Fall gewesen und hätte Ahmed III. dem Beispiel seines Gegners nachgeahmt, so hätte Peter der Grosse sich, seine Frau und seine Armee, welche umringt, geschwächt und ausgehungert war, in dem denkwürdigen Feldzuge von 1711 aus den Händen des mit dem Obercommando betrauten Baltadschi Mehemmed Pascha, dieses elenden Haremsdieners*), gewiss nicht so leicht retten können. Doch

---

*) Baltadschi nennt man die männlichen Diener des kaiserlichen

es zeigte sich schon im Anfange der gewaltige Unterschied zwischen den beiden Rivalen. Der bestochene Grossvezier befreite durch den Vertrag von Falksen den grössten Feind seines Herrn und seiner Nation aus der drohendsten Gefahr trotz aller Wuth, mit welcher Karl XII. auftrat, dem es wol gelang, mit seinem Sporn den seidenen Kaftan des Veziers, doch nicht den Tractat zu zerreisen. Peter der Grosse liess sich herbei, die für den orientalischen Handel stark erwünschten Hafenorte Taganrog und Asow einstweilen abzutreten, um sich für den Verlust bei dem nächsten mohammedanischen Nachbar des Sultans, bei den Persern, zu vergüten. Die Janitscharen kehrten von den Ufern des Pruth nach der Residenz am Bosporus zurück, überall laut verkündend, wie grässlich sie den ungläubigen Moskowitenhund zugerichtet hätten.

Wie es scheint, hatte sich Peter stark verrechnet, indem er erstens die Macht der wol im Sinken begriffenen, aber ihm dennoch überlegenen Türkei vielleicht in demselben Grade unterschätzte, als er zweitens die russischen Sympathien der christlichen Unterthanen der Pforte überschätzte. Die grosse Idee, unumschränkter Herr auf dem Schwarzen Meere zu werden, musste russischerseits eine unliebsame Pause erleiden, eine Pause, während welcher es nie zum Austausch freundschaftlicher Gefühle zwischen beiden Mächten, desto häufiger aber zu Zänkereien kam, bis endlich die Pforte, dieser schon damals mähnenlose, lahme Löwe, von Russlands Uebergriffen in Polen beunruhigt, im Jahre 1769 aufs neue zu den Waffen griff und sich in jenen fünf Jahre lang dauernden, unheilvollen Krieg verwickelte, der ihr die bittere Frucht des Friedens zu Kütschük Kainardsche eintrug. In die-

---

Harems, durch welche die Frauen mit der Aussenwelt verkehren. Als Zeichen ihres Amts trugen sie silberne Aexte, daher ihr Name. Baltadschi = der Axtträger.

sem Friedensschlusse erhielt Russland das Recht, das Schwarze Meer zu befahren, den Bosporus passiren zu dürfen, und ausser den schon früher abgetretenen Taganrog und Asow erhielt es auch noch die südlichen Schlüssel des Asowschen Sees, nämlich die befestigten Orte von Kertsch und Kilburnu. Doch hiermit hatte Katharina II. noch nicht genug. Die unermüdliche und unersättliche russische Diplomatie war es von jeher gewohnt, nebst den unmittelbaren Vortheilen, welche sie dem Feinde abgewonnen, stets einen solchen Standpunkt einzuhalten, von dem aus sie dann später data occasione die Frucht neuer Anhäufungen einheimsen sollte. So kam es auch, dass im Vertrage zu Kütschük Kainardsche der Pforte das Recht der Souveränetät über die Krim genommen wurde, um ad normam russischer Politik dem Schutzlosen die rosige Hand der Hülfe entgegenzustrecken, die sich dann aber bald in den eisernen Arm der Unterjochung umwandelt. Russland, das die südlichen Grenzen seines Reichs bis zum Schwarzen Meere hinausrücken wollte, hatte seine Aggressionen im Westen begonnen und zog systematisch dem Osten zu. Von Bessarabien bis zur Ostküste des Asowschen Sees war ohnehin schon alles russisch geworden, wie hätte da die Krimsche Halbinsel, die gleich einem Maulbeerblatt mit dem Stengel am russischen Continent haftete; türkisch bleiben können?

Die Krim oder Kirim (= ein Stück Landes), wie sie die Türken nennen, fiel bekanntlich durch Dschengiz Chan's, noch mehr aber durch Timur's Eroberungszüge jenem Theile des Türkenvolks in die Hände, welcher sich speciell tatar (Tataren) nennt, ein Name, den wir auch solchen Türken zu geben pflegen, die denselben nie gehört haben. Diese untersetzten breitschulterigen Türken mit ihren kleinen wildrollenden Augen hatten auf kleinen feurigen Rossen dem nahen Europa, namentlich Ungarn und Siebenbürgen mehr als einen unangenehmen Besuch abgestattet. Nach dem Sturz der Timuriden unter die Suzeränetät der Pforte gelangt, wurden sie von den letztern zumeist als eine verheerende und verwüstende Avantgarde in den Feldzügen gegen Ungarn gebraucht. Der Dienst gefiel ihnen auch, denn solange sie die Pforte in die reichen Gegenden an der Theiss und Donau auf Raub und Plündereien ausschicken konnte, da zeigten die machthabenden Girais den grossherrlichen Fermanen auch die gebührende Achtung, und ihre Treue zu dem stamm- und religionsverwandten Herrscher am Bosporus war unerschütterlich fest. Doch als es der Türkei an Gelegenheit fehlte, sie zu beschäftigen, als die ottomanische Macht in Ungarn gänzlich gebrochen, auch in Bessarabien, ja auf der ganzen Nordküste des Euxinus von den Russen in Nachtheil gestellt wurde: da lockerte sich das doppelte Band der Freundschaft zwischen den Sultanen in Stambul und den Chanen in Baktsche-Saraj immer mehr und mehr. Russland hatte es indess nicht verabsäumt, den in Unentschlossenheit harrenden Chanen glänzende Beweise seines Wohlwollens zu geben; es war ja stets um das Los der armen, verlassenen Völker besorgt und es brauchte ja nur den Söldlingslohn zu überbieten, um die herrschende Klasse an sich zu ziehen. Zuerst wurde der sonst einsichtsvolle Schahingirai Chan mit dem ottomanischen Gouverneur von Toman entzweit; den Funken der Zwistigkeit hatte man schnell zur Flamme des Kriegs angefacht, und Russland, das zur Hülfe ins Land herbeigeeilt war, blieb als Eroberer zurück; doch da der erweckte Fanatismus der einmal empörten Tataren mit gar nichts zu beschwichtigen war, so musste man sich den Besitz durch Niedermetzelung von mehr als 30000 Seelen zusichern. Wohl rief dieser Act unerhörter Grausamkeit in Konstantinopel Entsetzen hervor, man schrie laut auf gegen die

Einverleibung der Krim; doch musste man sich dem Machtspruch einer Katharina unterwerfen, und trotz aller Kriegsvorbereitungen blieb der Türkei nichts anderes übrig, als durch Vermittelung Frankreichs mit Russland sich auszusöhnen und in einem zu Konstantinopel im Jahre 1789 unterzeichneten Tractat die russische Herrschaft über die Krim, die Insel Taman und einen grossen Theil des Kubangebiets anzuerkennen.

Wenn der Erfolg der russischen Waffen gegenüber den im factischen Besitz des Sultans gestandenen Provinzen ein so leichter und vollkommener war, wie hätten dann jene in Religion, Sprache und Sitten so verschiedenen Völker widerstehen können sollen, die sich als ein Völkerconglomerat von dem bewohnten Theil Südrusslands bis zur kaukasischen Bergkette aufhielten und die nur von Zeit zu Zeit die nominelle Herrschaft des Sultans, des Zaren oder des Schahs von Persien anerkennend ebenso unbewusst der drohenden Gefahr als zu einer vereinten Gegenwehr unfähig waren? Die Pforte, welche schon früh die bedeutende Wichtigkeit des gebirgigen Binnenlandes beider Meere einsah, war durch Entsendung eines gewissen Ferruch Pascha — wie uns der Historiker Dschevdet Efendi mittheilt — zur Verbreitung des Islams unter den Tscherkessen der russischen Propaganda vorangegangen; doch trug theils Mangel an Ausdauer, theils anderweitige Beschäftigung Schuld daran, dass die türkische Suprematie hier noch weniger befestigt werden konnte als an andern Punkten des gigantischen Reichs der Osmaniden. Und als der kritische Moment russischer Angriffe herannahte, konnte die Pforte nicht nur keine Hülfe bieten, sondern wirkte durch die häufigen Niederlagen, die sie selbst erlitt, entmuthigend und demoralisirend auf die nach Freiheit wol lechzenden, aber wehrlosen und von Natur barbarischen Bergbewohner. Eine

Ausdehnung der russischen Grenzen nach dieser Richtung hin war daher leicht vorzunehmen, und schon im Jahre 1776 wurden beinahe dreissig Festungen an den Ufern des Schwarzen Meeres bis zum Kaspischen See hin erbaut, welche, da sie sich in der Mitte eines feindlichen Territoriums befanden, nicht so sehr als Cordon der Besitzungen in spe, sondern als Vedetten jener Macht dienen sollten, welche beinahe hundert Jahre später als unumschränkte Herrin daselbst auftrat. Es war ganz überflüssig, hier noch den Samen der Zwietracht zu streuen, da das Unkraut des Zwistes schon längst üppig wucherte. Russland brauchte hier nur die Vasallen zum Treubruche gegen ihren Lehnsherrn zu verleiten, um die dortigen Verhältnisse in ein solches Chaos und eine solche Confusion zu versetzen, welche ihm am besten zusagte. Der erste Köder, den man mit dem Fett christlicher Liebe salbte, wurde sehr geschickt den christlichen Prinzen von Georgien, Imretien und Mingrelien zugeworfen. Der erste, welchem die Angel russischer Intriguen den lüsternen Gaumen zerriss, war Heraclius, der Herrscher von Georgien; bald folgten auch seine beiden Nachbarn nach; für seine transkaukasische Politik hatte Russland schon das Feld geebnet; doch nicht so leicht war der Erfolg diesseits des Kaukasus, wo es im Rücken des Festungscordons mit den kriegerischen, von mohammedanischem Fanatismus und unbändiger Freiheitsliebe gleichmässig beseelten Tscherkessen, Lesgiern, Abchazen, Avaren und andern Völkerschaften am Kuban und Terekflusse zu thun hatte. Hier galt es einen Kampf aufzunehmen, dessen Ende nicht vorauszusehen war, ein Land zu erobern, dessen mit steilen und hohen Bergen besäetes Territorium Schritt für Schritt zu nehmen war, ein Volk zu unterjochen, wo beinahe jedem einzelnen Individuum ein eigenes Treffen geliefert werden musste. Es war eine harte

Probe für Russland, und dennoch ging es aus derselbeu siegreich hervor. Inmitten aller Schicksalsschläge, welche das heranwachsende Reich trafen, inmitten der häufigen und langwierigen Kriege, welche es in zwei Welttheilen zu fechten hatte, trotz aller brennenden Noth an Geld und Mannschaft, trotz aller socialen und politischen Wirren, hat Russland doch keinen Augenblick aufgehört, dem Kaukasus die Richtung seiner Zukunftspolitik mit voller Aufmerksamkeit zuzuwenden. Nicht um ein Haar breit wich man von dem tracirten Plane ab, bis endlich beispiellose Zähigkeit und Ausdauer ihren Lohn erhalten mussten.

Wie bekannt waren es die Lesgier oder Dagestaner im Osten, die Tscherkessen im Westen der kaukasischen Gebirge, welche der russischen Herrschaft am längsten widerstanden, durch zeitweilige Ausfälle die Communication gefährdeten und als mächtiges Bollwerk russischen Interessen im Wege standen. Wol fehlte es keinem der beiden an Muth und Tapferkeit; der mehr als ein Jahrhundert lang genährte Hass gegen Russland hatte selbst Weibern und Greisen das zweischneidige Kama in die Faust gedrückt; doch standen sie von jeher sowol von innen als auch von aussen einzeln und verlassen da. Und da ihr Schutzherr, der Sultan von Konstantinopel, für sie nicht so warm fühlte, sie nicht mit Waffen, Geld und Rath so häufig unterstützte, wie es die christlichen Herrscher den unter ähnlichen Verhältnissen lebenden Montenegrinern thun, so mussten sie früher oder später unterliegen. Schon als sie in den letzten Zügen lagen, hatte die Pforte auf Anrathen der polnischen und magyarischen Emigration sowol während des letzten Krimkriegs als auch nach demselben den kämpfenden Bergbewohnern einige Hülfe angedeihen lassen. Die Sendungen von Waffen und Munition waren gewiss willkommener als die mit

Goldstreusand beschütteten Fermane, mit welchen man
früher aus Konstantinopel die Tscherkessen zu ermuthigen
pflegte; doch war die Hülfe theils zu schwach, theils zu
verspätet, und dazu haderte noch Fürst Labanoff, der
russische Gesandte am Bosporus, mit der Pforte wegen
einer früh entdeckten geheimen Waffensendung an die
Küste Cirkassiens, als der Fürst Bariatinsky aus Schamil's
Händen den östlichen Theil des kaukasischen Bollwerks
durch Uebergabe der Festung von Gunib in die Lüfte
sprengte. Mit dem Kampfe gegen Dagestan war es zu
Ende und Cirkassiens Los war schon vorauszusehen.
Dieser westliche, an die Ostküste des Schwarzen Meeres
sich lehnende Theil hatte das Augenmerk der russischen
Politik schon längst auf sich gezogen. Hier benutzte man
den humanen Vorwand, dem verächtlichen Sklavenhandel
einen Damm zu setzen und Europas Anerkennung zu
verdienen. Da man auf dem steilen Küstenlande Cirkassiens
keinen Hafen findet, musste man erst eine südlichere
Stellung einnehmen, wozu sich das schon 1829 einge-
nommene Poti und das später erlangte Sochum Kaleh am
meisten eigneten; doch war die Beute nicht so leicht zu
erhaschen. Cirkassien konnte nur damals erobert werden,
als mit dem Falle Dagestans das mit der Zeit zu einer bedeutenden Stärke herangewachsene kaukasische Armeecorps
der Russen auf dem Binnenlande des Schwarzen und Kaspischen Meeres ausser den Addigis (so nennen sich die
Tscherkessen selbst) mehr keinen Feind kannte und zu
dessen Besiegung im Freudentaumel über die erlangten Vortheile mit vereinter Kraft schreiten konnte. In einer dreifachen Richtung, von Norden, Osten und Süden angegriffen, wurden sie aus den Thälern und Bergen, die sie
jahrhundertelang vertheidigten, Schritt vor Schritt gegen die
See getrieben. Unter keiner Bedingung wollte man einigen berüchtigten Stämmen das russische Sklavenrecht zugestehen,

und man schien wirklich mit der grausamen Idee umzugehen, sie gleich einer hülflosen Rattenschar in den dunkeln Fluten des Euxinus zu ertränken, als die Regierung des Sultans beschloss, die Unglücklichen auf einigen armseligen Fahrzeugen mit dem nackten Leben aufs türkische Gebiet zu setzen. Die Pforte, von Humanität und der Zukunftspolitik beseelt, wollte mit den Tcherkessen die rajahdichten Gegenden des ottomanischen Reiches besäen; doch konnte man mit ihnen nur die Todtenfelder colonisiren, und als sie die ausgesandten Efendis immatriculiren wollten, da hatte sie schon längst der Würgengel der Hungersnoth und die Cholera in der Dobrudscha und um Trebisond herum in sein Register eingetragen. Bemerkenswerth ist noch, dass der erste Transport exilirter Cirkassier im Hafen von Trebisond jenem Schiffe begegnete, auf welchem polnische Emigranten, vom revolutionären Comité auf eine Diversion ausgeschickt, den bedrängten Bergbewohnern Waffen zuführen sollten. Einige Wochen früher hätten sie vielleicht etwas nützen können, doch jetzt verlangten die Tscherkessen Brot und nicht Stahl. Ein neuer Beweis dafür, dass Russland die einzige Macht ist, welche den günstigen Moment nie entwischen lässt. Wie viele könnten nicht in diesem Punkte bei ihm Unterricht nehmen!

III.

Mässigung ist, wie bekannt, eine Tugend, welche Eroberer nur selten besitzen, Russland aber gar nie gekannt hat. Nicht zufrieden mit dem Besitze von Bessarabien, der Krim, der Asowschen See und ihres Küstenlandes, aus welchem sich heute der Hauptstapelplatz des russischen Fruchthandels mit Europa und Amerika herausgebildet hat, ferner ganz Cirkassiens und eines Theiles Mingreliens, die insgesammt der Herrschaft und dem Einflusse der Osmanlis entrissen wurden — haben die Herren an der Newa immer mit erneutem Eifer das Endverderben der Türkei in Europa und in Asien angestrebt und hätten infolge der ihnen angeborenen Zähigkeit ihren Wunsch auch gänzlich erreicht, wenn der fortschreitende Zeitgeist in Europa entweder nicht so vieles verändert haben würde, nicht so vielen, und folglich auch den Russen, so störend in den Weg getreten wäre. Bis zum Ende des vergangenen Jahrhunderts hatten die europäischen Grossmächte der russischen Politik in Asien entweder nicht genügende Aufmerksamkeit geschenkt, da man infolge der Entfernung und der schwierigen Communication über Asien und auch über Russland die dunkelsten Nachrichten hatte; oder man pflegte, mittelalterlichen Reminiscenzen nachhängend, über den Schaden, welcher den christenfeindlichen Türken zukam, zu frohlocken, sodass es gar kein Wunder ist, wenn das rechtgläubige Russland schon früh zur Vertilgung der Christenfeinde sich auserkoren sah und sich im Schatten dieses religiösen Humbugs, in dessen Gefolge es selbst in der Neuzeit auf die unverschämteste Weise auftrat, am allerbesten befand. Natürlich konnte dieses schwarze Spiel der Dummheit beim Lichte des 19. Jahrhunderts nicht lange fortgesetzt werden, und unsere europäischen Cabinete, ob willig oder unwillig, mussten es schliesslich doch einsehen, dass der Türke, dieser unversöhnliche Christenfeind, der unsere dreifache Gottheit durchaus nicht anerkennen will, dennoch als Nachbar neben uns bestehen könne, und dass die Zertrümmerung seiner Macht, auf welcher der russische Ehrgeiz ein zu gigantisches Gebäude zu erheben gedenkt, für unsere Interessen nicht gar so förderlich wäre.

Schon auf dem Congress zu Wien wurde der Wunsch rege, durch Anerkennung des Grundsatzes von der Integrität des ottomanischen Kaiserreiches den Russen die Lust zu nehmen, sich in fernere Angriffe der Türkei einzulassen. Auf dem Congress zu Verona hatte man dem Sultan das Recht zugestanden, jedwede Intervention in seine innern Angelegenheiten entschieden zurückweisen zu können. Und dennoch haben sich die signirenden Grossmächte durch die Intriguen des Hofes von Sanct-Petersburg später dazu verleiten lassen, jenem slawisch-albanesischen Bastardenvolke, das sich die griechische Nation nennt, in seiner Revolte gegen seine gesetzliche Regierung beizustehen, um einen schönen Theil Südeuropas jener Anarchie und Barbarei preiszugeben, welchen die ehemalige türkische Provinz Morea unter dem Régime des Nouvelle Grèce anheimgefallen ist. — Es ist dies übrigens gar kein Wunder, denn zur Zeit, wo zwischen Syra und Europa noch keine Dampfschiffe verkehrten, konnten unsere Stubengelehrten, denen es zu allen Zeiten an praktischem Verstande fehlte, sehr leicht aus den Reihen der begeisterten Jugend Philhellenen erziehen; heute aber, wo uns die Ruinen des alten Hellas ganz nahe gerückt sind, und zwischen Türken und Griechen eine richtige Parallele zu ziehen ermöglichen, wird der für das classische Alterthum noch so sehr begeisterte Europäer viel eher Philoturk, als Philhellene werden, auch wird die Diplomatie mehr keinen so groben Fehler begehen können, als damals, wo noch die Politik der Dynastien und nicht die der Völker die tonangebende gewesen.

Genug an dem, Griechenland war der letzte Brocken, welchen Russland mittelbar oder unmittelbar den Türken entriss, da die später erfolgte Besitznahme von Anapa und Poti, so auch der Donaumündungen unter Nikolaus I. eher als eine Zurückeroberung betrachtet werden kann. Der vereinte Seekampf zu Navarino mag für das letzte Kunststück gelten, in welchem das Kreuz in specieller Weise sich mit dem Halbmond schlagend auftrat; nach dieser Zeit fing der obenerwähnte Grundsatz von der Integrität des ottomanischen Kaiserreiches an feste Wurzel zu fassen, und Russland, das sich von der traurigen Wahrheit überzeugen musste, dass christlich-apostolische Potentaten ihren Erzfeind, den Türken, in Schutz zu nehmen gesonnen sind, war schlau genug, ohne dem gemeinsamen Willen der öffentlichen Meinuug in Europa offen zu widerstehen, dem Gegenstand seines erbitterten Hasses im Verborgenen noch mehr zu schaden, als es dies früher vermocht hatte. Solange noch die Idee der Aufrechterhaltung des Statusquo in der Türkei nicht existirte, sah man die Politik des Hofes von Sanct-Petersburg mit blanken Waffen und Kanonendonner auftreten; heute gebraucht sie das glatte, zweischneidige Schwert der Intriguen und das verzuckerte Gift ihres Freundschaftslächelns. Das Komische dabei ist nur, dass Russland auch für diese Freundschaft gegenüber der Türkei, an welche weder die Türken, noch Russland selbst, noch irgendjemand auf dem weiten Erdenrund glaubt, sich so gut bezahlen lässt. Denn dass der Vertrag von Hünkiar Skelesi für die russische Schutzwache am Bosporus kein fettes Honorar sei, das wird wol niemand in Abrede stellen. Ja, Seine Majestät der Zar ist seit damals schon sehr oft von den zärtlichsten Gefühlen für seinen cher frère am Bosporus beseelt gewesen. Indem man nicht zugeben will, dass sich auch die übrigen gekrönten Häupter Europas dieses „lieben Bruders" besonders annehmen, war man an der Newa stets bemüht, die Rathschläge, welche Russland der regenerirenden Türkei ertheilte, als die meist wohlwollenden und aufrichtigen zu bezeichnen und die zeitweilig scharfen Noten der Reprobation wurden ad normam einer solchen Strafpredigt ausgegeben, die sich ein Nachbar gegenüber dem andern erlauben kann. Zum Glücke für die Türkei war diese Epoche der russischen Sympathien nur eine sehr kurze. Mit dem Tode Mahmud's II. erlosch sie gänzlich, und es blieb Russland nichts anderes übrig, als auf dem Felde der Intriguen zu operiren, da sein freundliches Benehmen keinen Anklang findet und offene Feindschaft wieder leicht zum selben Resultat führen würde, zu dem der letzte Krimkrieg geführt hatte. Was Russland auf dem Felde der Intrigue geleistet, ist ebenso sehr erstaunlich als betrübend, da der sieche Zustand, in welchen es den türkischen Staatskörper versetzte, dem europäischen Gesammtinteresse nicht nur nicht nützt, sondern auf dasselbe von weit schädlicherm Einflusse ist, als es die eifrigsten Türkenfreunde glauben mögen.

Durch den unglücklichen Zufall, dass sich Russland zu derselben Kirche bekennt, welcher die Mehrzahl der christlichen Unterthanen der Pforte angehören, war es den Politikern an der Newa ein gar leichtes Spiel, ihre Glaubensgenossen gegen die fremde mohammedanische Herrschaft aufzuhetzen und zur ewigen Feindschaft anzuspornen. Schon während der Empörung Cantemir's 1711 hatte Russland dieses Spiel in Scene gesetzt, ja es sind schon beinahe 200 Jahre her, seitdem man Moldauer, Walachen, Serben, Bulgaren, Griechen und Armenier überzeugen will, dass die alleinseligmachende griechische Kirche nur dann erst wieder triumphirend im alten Byzanz einziehen werde, wenn die Sprösslinge der Romanoff, welche man als einen Familienzweig der Komnenen bezeichnet, ihre Residenz nicht an der Newa, sondern am Bosporus werden aufgeschlagen haben. Wie schon bemerkt. spielt im Osten die Religion die Hauptrolle, Nationalität wird nicht in Rechnung gezogen und es ist daher nicht so wunderbar, wenn das noch so bunte Rajah-Conglomerat des ottomanischen Reiches, die Erfüllung obiger Aussage erwartend, nur im Sturze der türkischen Herrschaft sein einziges Heil erblickt. Die vielen bittern Enttäuschungen der von der Türkei nach Russland ausgewanderten Rajahs, alle Aufklärungen von seiten europäischer Reisenden und Consulate, alle Nachsicht und Bevorzugung, mit welcher die Pforte die christlichen Unterthanen gegenüber der hartbedrückten mohammedanischen Bevölkerung verhätschelt, dies alles hilft nichts, gar nichts, um den fest eingewurzelten Wahn zu vertilgen. Das Band zwischen Herrscher und Beherrschten ist daher für immer gelockert, und die Türkei, welche in vollem Ernste zum Werke der Reform schreiten will, ist im Erreichen ihrer Erfolge nicht so sehr durch orientalische Schläfrigkeit, als durch den böswilligen Widerstand ihrer eigenen christlichen Unterthanen gehindert. Es vergeht kein Jahr, in dem nicht eine sogenannte wissenschaftliche Expedition von russischer Seite aus nach dem europäischen oder asiatischen Theile der Türkei geschickt würde, die sich wie leicht denkbar, mit allem, nur nicht mit der Wissenschaft beschäftigt. Eingeborene und fremde russische Emissare durchwühlen das Land nach allen Richtungen hin, um das schändliche Werk der geheimen Angriffe fortzusetzen, Angriffe, denen ein mit seiner Reorganisirung vollauf beschäftigter Staat nicht widerstehen kann und auch nicht widerstehen darf, da man ihn widrigenfalls der Störung des europäischen Friedens anklagen würde.

Oberflächliche Beobachter, deren Zahl leider eine beträchtliche ist, sind natürlich gleich bereit, die Erfolglosigkeit der türkischen reformatorischen Bestrebungen dem Islam, dem schläfrigen Charakter der Orientalen u. s. w. zuzuschreiben, ohne an Russland, diesen Hauptfeind aller Bildungsversuche in der Türkei, gar zu denken. Die Osmanlis werden ungerechterweise in Europa angeschwärzt, denn man sollte doch in Erwägung ziehen, wie es einem Staat gelingen könne, eine neue Civilisation, eine neue Denkungsweise und neue Sitten einzuführen, wenn es nebst den Schwierigkeiten, die ihm Aberglaube und Dummheit in den Weg stellen, noch die absichtlichen Hemmnisse eines böswilligen Nachbars zu bekämpfen hat? Leider sind wir trotz allem angepriesenen Fortschritte des Zeitgeistes noch immer zu kurzsichtig, um das christliche, soi-disant europäische Russland zu Gunsten einer mohammedanisch-orientalischen Macht zu verdammen, und selbst die aufrichtigsten Freunde der Pforte wollen es nicht einsehen, wie sie mit ihren falschen Sympathien das ottomanische Kaiserreich den habsüchtigen Planen der Moskowiten preisgeben.

Russland hat die Türkei moralisch getödtet, erstens in den Fürstenthümern, wo eine mit dem Anstriche europäischer Cultur versehene, aber im Grunde barbarische Nation, von Petersburg aus seit mehr denn 150 Jahren auf dem Wege der Empörung geleitet, vor dem so leicht zu täuschenden Europa das Banner einer misverstandenen Freiheit schwingend, heute nicht so sehr gegen tyrannische Uebergriffe der Pforte, als gegen die Umarmung eines lüsternen Nachbars gehütet werden muss. Denn wie gross auch die Meinung unserer Diplomaten von der Vaterlandsliebe der Rumänen sein mag, so ist es leider nur zu wahr, dass es sich bei ihnen doch nur um den Wechsel eines Herrn handelt. Von der edeln Pflanze der Freiheit sind auf Rumäniens Boden heute noch nicht einmal die Keime aufgegangen.

Infolge eines ähnlichen, von der Newa aus in Scene gesetzten Spieles ist auch Serbien unter den Schutz einer Souveränetät gestellt, zum erbitterten Feinde der Türkei gemacht worden. Die Serben sind viel edler als die Rumänen; auch von Vaterlandsliebe hat dieses patriarchalische Volk reinere Begriffe als die Nachkommen der ehemaligen hadrianischen Strafcolonien; doch stehen sie in Bezug auf Bildung und Bildungsfähigkeit selbst den Türken nach, und sie würden klüger handeln, durch Verwendung der Nationalkräfte lieber als Vorposten der westlichen Cultur als der russischen Aggressionsmacht zu dienen. In Bulgarien, das sich Russland in den letzten Decennien zum eigentlichen Tummelplatz seiner Intriguen und Ränke gegen die Pforte ausersehen hat, hat es bisjetzt nur deshalb an sichtbaren Folgen der Machinationen gefehlt, nur deshalb sind wir bisjetzt von einer *Question Bulgare* verschont geblieben, weil die Zahl der sich zu Volkstribunen aufwerfenden Proletarier eine noch zu geringe und moralisch noch zu schwache ist, um den bekannten Hülferuf gegen den Halbmond ausstossen zu können. Die berüchtigten revolutionären Comités der Bulgaren in Bukarest sind nicht so gefährlich, wie uns dies die walachischen Zeitungsorgane glauben machen wollen; die Flamme glimmt daselbst noch im Verborgenen; doch droht sie in einen um so mehr gefährlichen Brand auszubrechen, weil die Bulgaren numerisch sämmtliche Rajahs übertreffen und unter allen Völkern, welche das ottomanische Kaiserreich bewohnen, mit dem Epitheton „Rauheste Masse" belegt werden können. Bei einem der Trunkenheit, Trägheit und dem Aberglauben ergebenen Volke war es leicht, den Namen Zar mit Bog (Gott) zu identificiren, und Russland, das bei seiner Propaganda weder Geld noch Mühe geschont, wird sich der Frucht seiner Arbeit zu bedienen wissen. Ohne daher noch die türkisch feindlichen Gesinnungen der Bosniaken, der Montenegriner und Griechen, die uns genügend bekannt ist, berühren zu müssen, kann man es uns da verargen, wenn wir auf die drohende Stellung Russlands zu Rumelien hindeuten? Auf 6,200000 Slawen und eifrige Anhänger der altgriechischen Kirche sich stützend würde ein zweiter Diebitsch-Zabalkansky schon schwerlich den Rückweg nach der Donau antreten. Wir wollen es keinen Augenblick lang bezweifeln, dass erstens die europäischen Grossmächte den Russen ein derartiges Experiment nicht sobald erlauben werden und dass sich zweitens Russland hinsichtlich der letzten Machtanstrengung der Türken, im Falle dass es nur auf seine eigenen Kräfte angewiesen wäre, leicht verrechnen dürfte. Doch das verändert nicht um eines Haares Breite die Machtstellung der Russen in der europäischen Türkei, da alle Reflexionen — wie uns dies die Erfahrung zeigt — die Herren an der Newa nicht im mindesten eingeschüchtert haben.

Oder glaubt man etwa, dass die Macht der Osmanlis in Asien von den Russen weniger untergraben wurde, in dem Asien, welches man als die eigentliche Heimat der Türken und als den zukünftigen Schwerpunkt ihrer Macht zu bezeichnen pflegt? Es ist wol wahr, auf jenem Theile der asiatischen Türkei, welcher sich von Bagdad

bis an die Ufer des Marmarameeres, von Kars bis nach
Bassra erstreckt, sind die Mohammedaner den Rajahs in
der Zahl ebenso überlegen, als dies umgekehrt in der
europäischen Türkei der Fall ist. Um Siwas, Charput
und Diarbekir herum trägt der Kurde, Araber und Türke
wol kühner sein Haupt, als der Rechtgläubige von Rumelien, doch darf dieses äusserliche Gebaren der herr-
schenden Rasse uns nicht irreleiten; es darf uns um so
weniger hindern, durch die scheinbar stille Oberfläche in
die Tiefe der eigentlichen Sachlage einzudringen. Wie
gesagt, momentan sind die Wunden der Türkei in Asien
minder gefährlich als in Europa, da sie eher zur Vermehrung der politischen Pression in Rumelien dienen; doch
für die Zukunft sind sie ebenso unheilbar als unheilvoll;
denn sowenig es der Pforte gelingen wird, sich durch
was immer für Concessionen und Privilegien der Sympathie der Slawen und Griechen zu versichern, ebenso wenig
wird sie den bisjetzt scheinbar schlummernden National-
stolz der Armenier je aussöhnen können. Die Armenier
sind, obwol nur in einer verhältnissmässig geringen An-
zahl vorhanden, doch am dichtesten in jenem Theile Ana-
toliens anzutreffen, welcher noch heute den Namen Armenien führt und in der unmittelbaren Nachbarschaft Russlands sich befindet. Hier lauern sie, um die Ruinen ihres ehemaligen Reiches gelagert, auf den günstigen Moment der
Rache, immer aber rastlos und nach doppelter Richtung
hin am Werke der Befreiung arbeitend. Während eine
Partei, im Vorgefühle der russischen Protection überselig,
als ihren eigentlichen Retter nur den Zaren erkennt, im
Dienste des russischen Interesses mit mehr Eifer wirkt,
als dies die Russen selbst zu thun im Stande sind, hat
die andere, welche russische Sympathien nur als Mittel
betrachtet, im stillen aber nach einem freien unabhängigen
Armenien strebt, schon längst mit grosser Geschicklichkeit

das Nationalitätsgefühl der jahrhundertelang Unterdrückten geweckt. Die letztgenannte Partei, welche die schwächere ist, hat ihren Sitz in Konstantinopel, besteht aus den reichsten Bankiers, die trotz des scheinbaren Geldgeizes schwere Tausende verschiedenen Anstalten, wie den Mechitaristen in Venedig und Wien, den Schulen in Paris und andern Zwecken zur Beförderung der Cultur zufliessen lassen. Die erstgenannte Partei, in jeder Hinsicht die stärkere, hat ihren Mittelpunkt in Etschmiadzin um die Person des armenischen Patriarchen herum, welcher immer in Russland wohnt und durch seine Untergeordneten, die ihm blind ergebene Geistlichkeit, Russland solche Dienste leistet, die wahrlich kaum zu überschätzen sind. Der Armenier, der mit seiner streng orientalischen Lebensweise den Türken viel näher steht als die übrigen Rajahs, ist von erstern auch nie so gehasst und gefürchtet worden; doch eben unter dieser vermeinten Freundschaft lauert das tiefe Rachegefühl gegen den Islam, diesen Zerstörer der armenischen Nationalgrösse, im Busen jedes Armeniers, und er blickt das Bild des Zaren, welches Aermere auf kupfernen Kopekenstücken, Reichere auf Medaillons bei sich tragen, mit gleicher Ehrfurcht an als das Bild des Erlösers; und wie die orthodoxen Juden ihren Messias, so erwartet jeder Armenier jenen Tag, an welchem sich die Herrschaft des Kreuzes durch die Moskowiten in Asien verbreiten wird. Es darf auch nicht vergessen werden, dass es eben die Armenier sind, welche sich als Geldwechsler oder Kaufleute, immer aber als die meist Bemittelten, in jeder Stadt der asiatischen Türkei aufhalten und überall einen nicht unbedeutenden Einfluss auf die Bevölkerung ausüben. Solche Agenten in einem feindlichen Lande sind nicht zu verwerfen, und die russischen Consuln verstehen es auch ganz tüchtig, das Terrain derartig vorzubereiten, dass jeder Armenier schon längst, nolens volens, zum

Werkzeuge der russischen Politik in der Türkei geworden ist.

Nicht zufrieden mit den Sympathien der Armenier, hat man neuerer Zeit von Sanct-Petersburg aus selbst die Kurden, die stammverwandten alten Nachbarn, aber auch alten Feinde der Armenier, zu umstricken gesucht, und wie alle Indicien zeigen, wird es auch gelingen, sie in den ominösen Zauberkreis hineinzuziehen. Das rauhe, nomadische Volk der Kurden ist, wie bekannt, mit den Türken und Persern in ewiger Feindseligkeit, weil es von der Suprematie beider in ihrem Räuberhandwerke gehindert ist. Russland, stets bereit, aus allem seinen Nutzen zu ziehen, hat sich erst durch Nachsicht gegenüber den Plünderern und Räubern am dreifachen Grenzgebiete um den Ararat herum, mit den Hauptbanditen des Haideranlu-Stammes in Berührung gesetzt, später aber durch Leutseligkeit des Gouverneurs von Transkaukasien bei allen Kurden so beliebt gemacht, dass ein kurdischer Chef, Namens Mehemmed Beg, der gegenwärtig in Toprak Kaleh wohnt, im letzten Kriege mit mehrern tausend kurdischen Reitern als Avantgarde jenem Armeecorps diente, welches über Eriwan nach Erzerum vordrang. Die Kurden sind wol Mohammedaner, doch ist es mit ihren religiösen Gefühlen nicht besser bestellt als mit dem Islam der ihnen an Charakter und Sitten nahe stehenden Turkomanen, und werden sie so wie letztere, wenn gut besoldet, für das Doppelkreuz gern eine Lanze brechen. Und ist es denn nicht sonderbar, dass nicht nur die Kurden um Bajazid und Toprak Kaleh herum, sondern selbst ihre Stammesgenossen, die einstigen Parteigänger des grausamen Bedr Chan Beys, bis Bagdad und Kermanschah hin, alle es sehr gut wissen, dass der Antagonismus zwischen dem Zaren und dem Sultan oder Schah ihnen zugute kommen kann?! Sie sind Freibeuter und Abenteurer und werden als Werkzeuge russischer Habsucht unter allen islamitischen Völkern der Hohen Pforte auch die ersten russischen Unterthanen werden. Ich beneide wirklich jeden Optimisten, der bei der gegenwärtigen Machtstellung der Russen in der Türkei die Beschlüsse unserer Conferenzen, die Ueberwachungen unserer in der Levante befindlichen Gesandtschaften und Consulate als genügende Garantie und als Schutz gegen fernere Eingriffe Russlands ansieht. Ein eitler Trost ist es, dass die russischen Grenzpunkte im Osten und im Westen nur bei Gümri (Alexandropol) und Odessa anzunehmen seien, denn die russische Macht wirft ihren Schatten und übt ihren Einfluss bis zu den arabischen Wüsten, bis zu den Gewässern von Candia, ja über den ganzen Balkan hinaus, bis zum Cap von Matapan.

Ist es nicht ein Wahn, auf dem Verbote russischer Intervention in die innern Angelegenheiten der Pforte zu fussen, wenn russische Consuln, Agenten und Emissare ungestraft gegen die Regierung auftreten können?

Sollte es Europa mit der Aufrechterhaltung des Statusquo im ottomanischen Kaiserreiche wirklich ernst meinen, so müsste ganz anders zu Werke gegangen werden. Wir werden auf diesen Gegenstand noch ein anderes mal zurückkommen und wollen nun lieber mit der Schilderung der russischen Acquisitionen und des Machtbestandes im östlichen Asien fortfahren.

IV.

Die zweite mohammedanische Macht, welche Russland schon in der ersten Phase seines Entstehens zu bekriegen begann, seit Peter I. unaufhörlich verfolgt und heute schon förmlich als Vasallen seinen Füssen unterwarf, ist Persien oder Iran, das alte Land orientalischer Bildung.

Was spornte die russische Ambition gegen Iran an? So wird man mich fragen. Hatte Russland auch hier unterdrückte Slawen oder Glaubensgenossen zu beschützen? Musste das Haus Romanoff auch hier als Rächer der Komnenen auftreten? Nichts von all dem! Bei der Bekriegung Persiens hatte Russland schon von jeher zwei verschiedene Absichten verfolgt. Erstens fand man in den politischen Zänkereien mit dem schiitischen Persien, welches zu allen Zeiten ein erklärter Feind der sunnitischen Türken war, ein kräftiges Mittel, um die Regierung der Pforte selbst in Friedenszeiten zu bekämpfen und in Nachtheil zu versetzen. Wenn sich die russische Aggression bis ins ottomanische Reich erstreckte, da tauschte man mit Iran warme Freundschaftsküsse aus, und waren die Russen mit Persien im Kriege, so pflegte der Zar oder die Zarin den theuern Bruder, den Sultan, mit besonderer Liebe zu behandeln und auf diese Art sowol Persien, als auch die Türkei, welche zu ihrem beiderseitigen Untergange wechselseitig beitragen mussten, in die gefährliche

Lage zu versetzen, den unerbittlichen Todesfeind schon in der Kindheit zu nähren und zu pflegen. **Zweitens war** die russische Politik scharfsichtig genug, in Persien jenes Centrum zu entdecken, von dem aus man mit sicherm Erfolge gegen den ganzen Islam operiren könnte. Zwischen dem Kaspischen Meere und dem Indischen Ocean gelegen, war Persien von jeher die unumgängliche Hauptstrasse der asiatischen Weltstürmer und des Handelsverkehrs zu Lande. Wer Herr in Iran ist, kann nicht nur leichter sowol am Oxus als auch am Euphrates gebieten, sondern wird auch seinen Herrscherblick desto erfolgreicher nach dem Indus hin wenden können. Es sind nicht nur historische Traditionen, sondern auch strategische Vortheile, welche seit Alexander dem Grossen so manchen Eroberer nach der Besitznahme Irans auch nach Indien lockten, und Peter I. war, indem er die russischen Grenzen gegen Persien zu ausdehnen wollte, viel umsichtiger, als Napoleon I., welcher den Weg nach Indien erst vergebens durch Aegypten suchte und nur erst später durch Vermittelung seines Gesandten, des Generals Gardanne, sich der Freundschaft Persiens versichern wollte. Merkwürdig ist es, dass Russland schon damals nach Besitzungen in Iran Gelüste trug, als es in der schwierigen Barrière der kaukasischen Gebirgskette, welche den natürlichen Weg bildet, noch keinen Fuss breit Landes besass und seine erste Expedition daher sich durch lauter feindliches Gebiet durchdrängen musste. Der geistreiche Historiker Peter's I. will in dem kühnen Unternehmen seines Helden die Absicht der Erlangung des indischen Handels erblicken, indem er sagt: „Pierre méditait depuis longtemps le projet de dominer sur la mer Caspienne par une puissante marine, et de faire passer par ses états le commerce de la Perse et d'une partie de l'Inde." Doch ist es wahrscheinlicher, dass die eigentlichen Motive im Anfange nur blinde asiatische Eroberungslust und russischer Erdhunger war. Als Peter I. seine Augen gegen das Kaspische Meer wandte, befand sich Persien in der allererbärmlichsten Lage. Die mächtige Dynastie der Sefewis war gestürzt, afghanische Horden plünderten und tobten im Lande, niemand befahl, niemand regierte, und der Zar, der, als begäbe er sich auf eine Vergnügungsreise, seine Gemahlin mitnahm, konnte leicht unter dem Vorwande, die räuberischen Lesgis zu bestrafen, bis nach Derbend vordringen, diese Stadt 1722 einnehmen und hiermit seine Ansprüche auf die Westküste des Kaspischen Meeres begründen. Noch lag hier das russische Belagerungscorps von Baku, als der unglückliche Schah Hussein, der letzte der Sefewiden, der im Auftreten Peter's I. eine Unterstützung und keine Eroberung sah, durch einen zum Zaren nach Astrachan geschickten Gesandten um Hülfe gegen die afghanischen Eroberer flehte. Peter I. war, wie sich leicht denken lässt, sehr erstaunt und versprach energischen Beistand, im Falle man ihm die Westküste des Kaspischen Meeres und die ganze Provinz Gilan abtreten wolle. Es war dies ein theuerer Kauf, doch der an einen Strohhalm sich klammernde Schah musste sein Versprechen halten. Peter I. aber hielt es nicht; denn er griff nicht nur die Afghanen nach der Besitznahme Gilans und Dagestans nicht an, sondern vereinigte sich mit Eschref, dem Oberhaupte der afghanischen Horde, gegen Persien, als dessen König Tamasp, mit dem erpressten Vertrage, den sein Vorgänger geschlossen, unzufrieden, gegen eine derartige Plünderung protestirte. Hätte die afghanische Herrschaft auf dem Boden Persiens längere Zeit Fuss fassen können, so hätte Russland reichlich Gelegenheit gefunden, sich in den wirrenhaften Zuständen auf jede Weise einen Vortheil zu verschaffen, und die Frucht seiner Plane wäre daselbst um 50 Jahre früher zur Reife gelangt.

Doch Nadir machte dem Zaren einen gewaltigen Strich durch die Rechnung. Seine Erfolge gegen die Türkei machten Russland behutsam, denn die auf ungerechte Weise entrissenen persischen Provinzen brauchten nur ihrem Widerwillen gegen die moskowitischen Bedrücker Ausdruck zu verleihen, als auch schon die ganze Position im Westen des Kaspischen Meeres aufgegeben wurde, da man es erstens nicht wagte, sich mit Nadir zu messen, und weil zweitens der Verkehr von Astrachan aus ein wirklich schwieriger war.

Der Felsen, welchem die russische Politik hier begegnete, wurde auf eine Zeit umgangen. Man merkte den Fehler, der begangen wurde, indem man ohne im Besitze der kaukasischen Gebirgskette in Persien auftreten wollte. Was Peter I. verfehlte, wurde von Katharina II. gut gemacht. Mit List und Kraft abwechselnd thätig, gelang es ihr, Georgien, welches Persien tributpflichtig war, erst unter russische Protection und dann unter russische Botmässigkeit zu bringen.

Heraclius, der Fürst von Georgien, wurde von Petersburg aus mit einer Königskrone beehrt, und solange in Persien Unordnung herrschte, konnte Seine christliche Majestät an den Ufern des Kurs die neue Würde auch vollauf geniessen. Kaum hatte sich aber die kejanische Mütze auf dem Haupte des fürstlichen Aga Mehemmed Chan's festgesetzt, als dieser 1793 mit einer beträchtlichen Macht in Georgien einfiel, Heraclius aufs Haupt schlug und das Land schrecklich verwüstete. Der schöne Menschenschlag in den reizenden Thälern des Kaukasus musste für Russlands gottloses Spiel jämmerlich leiden. Nach allen Richtungen Irans hin wurden Georgier verschleppt, und noch grösser wäre das Blutbad des Aga Mehemmed gegen den russischen General Zubaroff ausgefallen, wäre der wilde Kadscharenchef auf dem Wege nach Georgien nicht ermordet worden. Russland wollte endlich dem hart mitgenommenen Lande Ruhe vergönnen und nahm es nach Heraclius' Tode unter Paul I. gänzlich in seine Obhut. Tiflis wurde zum Mittelpunkte der kaukasischen Besitzungen bestimmt. Wie sehr das stufenweise Vordringen von hier aus gegen den Araxes ermöglicht und erleichtert wurde, darauf haben wir schon hingedeutet. Russland, das sich nun im Rücken geschützt sah, unterliess es nicht, selbst während der langen Dauer der französischen Kriege, wo es doch auch anderswo vollauf zu thun hatte, hier Schritt vor Schritt vorwärts zu dringen, bis endlich England, der ewigen Zänkereien überdrüssig, welche zwischen dem ihm alliirten Russland und Persien obwalteten und das einheitliche Wirken gegen Napoleon störten, als Vermittler auftrat und Hauptursache war, dass der den britischen Interessen höchst schädliche Vertrag von Gulistan 1814 zu Stande kam. Laut diesem musste Persien seine ganzen kaukasischen Besitzungen, namentlich Georgien, Imeretien, Mingrelien, Dagestan, Schirvan, Schekki, Gendsche, Baku, Karabag, gewisse Theile von Mogan und Talisch abtreten mit der Verbindlichkeit, in der Zukunft auf dem Kaspischen Meere keine Kriegsfahrzeuge zu unterhalten. Ein Theil, wenn nicht die Majorität, der Bewohner erstgenannter Orte war Christen, welche zur russischen Herrschaft längst vorbereitet in der neuen Lage der Dinge wol ein Joch, aber doch kein so schweres fanden, als der andere, nicht unbedeutende, mohammedanische Theil der Bevölkerung, welcher selbst unter persischer Botmässigkeit eine verhältnissmässig freie Existenz genossen und nun die Insolenz der russischen Befehlshaber unausstehlich fand. Die Chefs der kriegerischen Türkenstämme, der Karapapak Terekme und Schahsewend, die noch heute zu den wildesten in Persien gehören, erwachten bald aus dem Schlafe, in welchen sie russische Intriguen und

Bestechungen eingelullt hatten, und indem man den Abfall von Persien tief bereute, suchte alles nach einer Gelegenheit, um den Kampf mit den Russen zu erneuen. Diese bot sich am besten dar in der mangelhaften Demarkirung der Grenzlinien im Frieden zu Gulistan und aus ihr entwickelte sich bald Göktsche in der Form eines neuen Erisapfels. Russland trat wie gewöhnlich als Sieger aus dem Kampfe hervor. — Nach einem erbitterten dreijährigen Kriege, in welchem sich die von englischen Offizieren gedrillte Armee der Perser mehreremal auszeichnete, hatten die russischen Truppen nicht nur den Araxes überschritten, sondern selbst Tebris und Choi und ganz Azerbaidschan war in ihrem Besitze, und es stand ihnen nichts im Wege, um nach Teheran, ja in den Besitz ganz Persiens zu gelangen, wenn nicht damals zufälligerweise der griechisch-türkische Conflict ausgebrochen wäre, von dem Russland eine grössere und wichtigere Beute erhoffte. Um seinen politischen Planen daselbst einen kräftigen Nachdruck verleihen zu können, liess es sich herbei, mit Persien auf der Strasse nach Teheran im Dorfe Turkmantschai 1828 Frieden zu schliessen, einen Frieden, der für Russland besonders vortheilhaft ausfiel. Um allen fernern Zwistigkeiten aus dem Wege zu gehen, wurde vor allem für eine definitive natürliche Grenzlinie gesorgt, welche Russland diesmal im Flusse Araxes (Aras) entdeckte, und es war schlau genug, sich hierdurch sowol die beiden reichen Provinzen Erivan und Nachtschevan zu sichern, als auch, da der Strom namentlich bei Dschulfa, wo die russischen Grenzposten stehen, leicht zu durchwaten ist, in eine solche Stellung zu gelangen, von der aus es zu jeder beliebigen Zeit in Persien einrücken kann. Der Schah musste ferner sämmtliche Kriegskosten zahlen, die schon frühere Entsagung hinsichtlich des Rechtes auf dem Kaspischen Meere bekräftigen, und in Zukunft soll es nur ausschliesslich Russland sein, welches das Kaspische Meer befahren und daselbst eine Kriegsflotte unterhalten darf. Mit dem Friedensschlusse zu Turkmantschai hat Russland seine hundertjährige Aggression gegen Persien beschlossen; das Ziel, nach welchem der Hof von Sanct-Petersburg in dieser Gegend strebte, war erreicht; das stolze Land der Schehinschahe lag erniedrigt vor den Füssen des weissen Zaren und fernere Kriege wurden de facto überflüssig. Was konnte übrigens der nordische Koloss mit dieser Seifenblase vergangener Macht, die man Iran nennt, noch Ferneres anfangen? Gleich einer schwarzen Unglückswolke an seiner nordischen Grenze lagernd, hatte es Persien durch die Entreissung der transkaukasischen Provinz die kostbarste Perle seiner Königskrone genommen. Es hat seine militärische Kraft gelähmt, da das berühmte Reitervolk, welches für die Erben der alten parthischen Reitkunst galt, zur Zeit der Sefewiden aus dem Norden rekrutirt wurde; sein Titel: „Schutzherr der Schiiten", ist befleckt, da Hunderttausende der eifrigsten Anhänger Ali's der Suprematie eines christlichen, nach schiitischer Meinung schmuzigen (nedschiso) Volkes unterworfen sind; auf dem Kaspischen Meere darf es nicht einmal einen Nachen unterhalten, um sich gegen turkomanische Räuber zu schützen, die mit Raubfahrzeugen an der iranischen Küste landen und jährlich Hunderte von Gefangenen an die Ufer des Etreks und Görgens schleppen.

Russland hatte aber, wie gesagt, es nicht mehr nothwendig, bewaffnete Macht in Persien einrücken zu lassen; nach dem Frieden zu Turkmantschai galt es ihm, sich einen moralischen Frieden zu erfechten. Trotz der mannichfaltigen Ursachen, die es zu erbitterten Feindschaften gab, ist es ihm infolge eines geschickten diplomatischen Spieles dennoch gelungen, sich beim Hofe von Teheran derartig beliebt zu machen, dass Persien heute, anstatt

Rachepolitik zu treiben, sich den Russen förmlich in die Arme geworfen hat, und der Schah den Zaren unter allen Fürsten Europas als seinen einzigen Freund ansieht. Dieses Monstrum politischer Constellationen ist folgendermassen zur Welt gekommen: Persien hat, wie bekannt, erst im Anfange dieses Jahrhunderts die ununterbrochene Aufmerksamkeit der europäischen Cabinete auf sich zu lenken begonnen, damals nämlich, als Napoleon, wie schon erwähnt, seinen beabsichtigten Weg nach Indien über Aegypten verrammt fand und in Persien sich, ganz wie ein zweiter Alexander, seinen britischen Porus an den Ufern des Indus aufsuchen wollte. Um daher in Iran ein willkommener Gast zu sein, setzte er sich mit dem Hofe von Teheran durch General Gardanne in Connexion, und Feth Ali Schah, dem die aus dem fernen Westen angekommene Gesandtschaft als eine passende Beilage zum angestrebten Titel eines Weltregenten ganz willkommen kam, gab sich sofort den französischen Sympathien hin, und der militärische Diplomat konnte leicht Siegesberichte seines diplomatischen Feldzuges an die Ufer der Seine senden. Natürlich lächelte Victoria nur so lange, bis Gardanne Spenden verabreichen konnte und bis sich nicht der besser gefüllte Beutel Malcolm's der Hauptstadt Irans näherte. Auf die erste Libation hin, die der grossmüthige und wohldotirte englische Diplomat darbrachte, machten unsere guten Perser, mit ihrem Könige an der Spitze, den französischen Sympathien gegenüber ein plötzliches Kehrt und wurden auf einmal vom Grunde auf britisch gesinnt. Der geniale Historiker Irans, den die Perser Melkum Sahib (Herr) nannten, war zweifelsohne sehr geschickt, diese Gefühlsschwenkung zu Gunsten seiner Politik auszubeuten, denn der britische, oder richtiger gesagt, der angloindische Einfluss, welcher sich zur Zeit Abbas Mirza's, der selbst englisch sprach, in Iran breit machte, ist wahrlich überraschend; doch dauerte er nur so lange, bis es die Perser einsahen, dass trotz aller warmen Freundschaftsbriefe, mit welchen sie die Höfe von London und Paris beehren, ihnen dennoch der Urus eine Provinz nach der andern abnimmt, dass der diplomatische Zweikampf, welchen die europäischen Gegner auf Irans Boden fechten, nur dann für Iran nützlich sein könnte, wenn es sich dem Stärkern anschliesst. Und da ihnen die Tatzen des nordischen Bären näher und daher gefährlicher als die Pfoten des britischen Leoparden waren, so ist es sehr natürlich, dass sie dem orientalischen Spruche gemäss: „Küsse die Hand, die du nicht abhauen kannst!" sich eher zu Russland als zu England gesellten. Obwol Russland nach dem Friedensschluss von Turkmantschai bei den Persern derartig verhasst war, dass der Schah trotz aller Anstrengung den russischen Gesandten Griboiedeff, der mit dem ganzen Gesandtschaftspersonal als Opfer der erbitterten Volkswuth fiel, nicht retten konnte, so unterliess es die persische Regierung im Moment, als sie die Nothwendigkeit einer russischen Allianz einsah, dennoch nicht, den Weg der Freundschaft anzubahnen und daheim die russenfeindliche Stimmung zu beschwichtigen. Sie wurde auch von Sanct-Petersburg hierin wesentlich unterstützt, denn der Zar, den oft die kleinste Kleinigkeit zum Kriege hinreisst, zeigte diesmal, als man ihm seinen bevollmächtigten Gesandten hinschlachtete, eine Nachgiebigkeit, die am Hofe zu Teheran von Nachklang sein musste. Schon Mehemmed Schah, der Sohn des seiner Ländereien beraubten Feth Ali Schah, machte sich dadurch berühmt, dass er den Einflüsterungen seines ehemaligen Lehrers und Grossveziers, Hadschi Mirza Agasi, Gehör gebend, seine Waffen immer dorthin wendete, wo es die russischen Interessen am meisten erheischten. Natürlich wird es viele befremden, dass die Repräsentanten unserer europäischen Grossmächte, denen die orientalische

Frage damals noch so sehr am Herzen lag, und besonders England diesem Liebesverhältnisse nicht störend in den Weg traten, da doch alles überzeugt war, dass der überwiegende russische Einfluss in Persien seine Plane am Bosporus begünstigte? Es ist wol wahr! Unthätigkeit darf den englischen Politikern jener Zeit nicht zum Vorwurf gemacht werden, doch um so mehr ihre Leichtgläubigkeit und das unbedingte Zutrauen, mit welchem sie die Versicherungen des Cabinets von Sanct-Petersburg entgegennahmen. Was nützten die alarmirenden Depeschen des britischen Gesandten in Teheran, wenn Lord Palmerston in den Betheuerungen des russischen Premiers Beruhigung fand, in den Noten einer Regierung, die daheim den Friedfertigen spielte, während ihre Bevollmächtigten in Asien Kriege herbeiriefen, ja sich an solchen sogar persönlich betheiligten?

Genug an dem, Russland hat in Bezug auf die moralische Suprematie das Nonplusultra seiner Wünsche erreicht, denn Iran entspricht ganz den Erwartungen, welche die russische Thätigkeit auf diesem Theile Asiens ins Feld riefen. Welche Waffe es gegen die Türkei geworden ist, das sehen wir in den ewigen Zänkereien, welche das einheitliche Zusammenleben dieser beiden mohammedanischen Staaten unmöglich machten, das sahen wir im letzten Krimkriege, in welchem Persien der Türkei, an dessen Existenz doch auch die seinige so fest gekettet ist, nicht nur nicht hülfreich zur Seite stand, sondern wo es im Begriffe war, mit den Russen, diesem Erzfeinde des Islams, gegen die einzige solide Macht des Islams aufzutreten. Und die Schiiten hätten auch wirklich neben dem Doppelkreuze gefochten, wäre der Schah durch innere Wirren nicht an einem auswärtigen Kriege gehindert worden. Noch ist der Grenzenstreit zwischen der Türkei und Persien nicht gänzlich beigelegt; Kerbela und Nedschef, diese allerheiligsten Orte der schiitischen Glaubensbekenner, werden am heissen Boden Arabiens noch lange die ewigglimmenden Funken sein, aus denen die Flamme des Zwiespalts in jedem Moment hoch auflodern kann, und beim kleinsten Indifferentismus, den Europa zeigt, können moskowitische Intriguen hier den grössten Wirrwarr verursachen.

Die vortheilhafte Stellung, welche die Russen an der persischen Grenze eingenommen, hat die Pacificirung des Kaukasus beschleunigt und die russische Macht an diesem strategisch wichtigen Punkte consolidirt; denn heute, wo die in Aussicht gestellte Eisenbahn das Schwarze Meer mit dem Kaspischen verbinden wird, kann und muss die natürliche Festung der kaukasischen Gebirgskette jenen Vorposten bilden, von dem man rechts und links bis in die entferntesten Theile des asiatischen Festlandes operiren kann. Nicht Moskau und Sanct-Petersburg, sondern der Kaukasus wird die Vorrathskammer sein, wo Russland seine Streitkräfte concentriren wird im Falle, dass es auf Indien ernste Plane hat. Heute ist wol die Mehrzahl der Politiker in Betreff dieser Frage noch stark optimistisch gesinnt; doch darf es nicht übersehen werden, da wir eben von den russischen Vortheilen in Persien sprechen, welch geschickten Schachzug man von der Newa aus spielte, indem man allen englischen Einfluss noch lange vor dem kritischen Moment des Zusammenstosses total lähmte. Das englische Parlamentsmitglied Mr. Eastwick, früher Geschäftsträger der Königin in Teheran, meint, indem er die Wichtigkeit des britischen Einflusses in Iran erkennt, England könne sich dort noch rehabilitiren. Möglich ist dies wol, doch dürfen die grössten Opfer nicht gescheut werden; denn Russland ist überall stark im Vortheile.

Erstens hat es beinahe den ganzen Handel Persiens an sich gezogen und dabei die commerziellen Interessen Englands und der Türkei stark gefährdet. Persien, dessen

Export grösser ist als der Import, schickt heute seine Baumwolle, Seide, gedörrte Früchte, Färbestoffe, Teppiche und Edelsteine zumeist durch das nördliche Russland nach Europa; ein Theil geht über Astrachan längs der Wolga, ein anderer über Eriwan, Tiflis und Poti; auf letzterer Strasse will man nun die Türkei in Nachtheil stellen, indem man Armenien, dessen Hauptlebensader früher der persische Handel war, erstens durch eine Eisenbahn zwischen Baku und Poti für den Handel Gilans und Mazendrans, zweitens durch die Chaussee Tebris und Tiflis brach daniederzulegen sich bestrebt, was auch allem Anscheine nach gelingen wird, denn obwol Georgien für Persiens Verkehr mit Europa einen Umweg bildet, so wird der Kaufmann, der auf türkischem Boden von räuberischen Hunden, unsäglich schlechten Strassen und Beamtenwillkür hart geplagt ist, mit der Zeit eher die Strasse über Tiflis, als die über Erzerum wählen. Auch beim Importhandel ist Russland fast noch einmal so stark repräsentirt wie das übrige Europa. Ueber Bender Buschir und Bagdad kommt wol noch genug englische Waare nach Iran, doch werden Tebris, Rescht, Astrabad und Schahrud allmählich die ausschliesslichen Stapelplätze des russischen Handels. An beiden letztgenannten Orten, wo Russland noch ohne Rivalen dasteht, hat die Handelscompagnie Kavkaz eine grosse Thätigkeit entfaltet. Als ich in Persien reiste, war sie im Begriff, sich das weite Chorassan zu erobern, und heute ist dies wahrscheinlich schon geschehen. Von Meschhed aus werden nun russische Handelsagenten der Kavkaz-Compagnie mit dem Handlungshause Chludoff, das aus Ostsibirien über Taschkend nach Bochara gedrungen ist, sich vereinigen können und hiermit wieder eine jener gigantischen Communicationsketten herstellen, dessen wir nur in Russland allein begegnen. Kann es uns daher befremden, wenn die Regierung des Schahs im Angesichte der vortheilhaften Stellung, welche Russland in Iran eingenommen, den Einflüsterungen, die aus Sanct-Petersburg kommen, Gehör gibt? wenn sie die Feinde des Zaren als die ihrigen betrachtet? Wenn der Hof von Teheran im Osten als russisches Werkzeug gegen die Türkei dient, so thut er dies nicht minder im Osten gegen England, wo er mit einer traditionellen Feindseligkeit gegen die im afghanischen Gewande verhüllten Interessen Grossbritanniens auftritt! Ich zweifle keinen Augenblick daran, dass Iran selbst ohne Anstachelung von seiten Russlands um den Besitz Herats, auf das die Perser mehr Rechte haben, als die Afghanen, Krieg führen würde. Als die Afghanen noch allein im Felde standen, ging Iran gleichermassen vor; doch würde der Schah England gegenüber heute nicht so viel Standhaftigkeit zeigen, wenn russische Versprechungen oder thatsächliche Unterstützungen nicht im Rücken stünden.

Wir haben in der Neuzeit gesehen, wie Nasreddin Schah, dessen sämmtliche Staatseinkommen nicht grösser sind als die Revenuen manch englischen Privatiers, sich mit England eben wegen Herats in einen Krieg verwickelte, einen Kampf unterhielt, der mehrere Monate hindurch wüthete und beim Pariser Friedensschlusse von 1857 noch mit ziemlich heiler Haut davonkam. Im Jahre 1837, als die persische Armee Herat cernirte, war der russische Gesandte zu Teheran, Graf Simonich, nicht nur Rathgeber, sondern militärischer Leiter der persischen Operationen. Damals war man in Sanct-Petersburg den Briten gegenüber noch höflich genug, um die Handlungen des bevollmächtigten Gesandten zu desavouiren, heute hält man dies nicht mehr der Mühe werth; Russland macht kein Hehl daraus, dass es auf den herater Festungswällen keine afghanischen, sondern persische Soldaten zu sehen wünscht. Optimisten mögen in diesem Wunsche des Zaren Gefühle des Wohlwollens für seinen cher frère, den Schah entdecken; ich aber kann an russische Humanität nur schwer glauben, und die Bestrebungen der Politik des Hofes von Sanct-Petersburg sind nach dieser Richtung hin unwiderlegbare Beweise dafür, dass sich Russland eine Strasse ebnet, Stationshäuser für seinen Marsch nach dem nördlichen Indien anlegt, das es um jeden Preis in seiner unmittelbaren Nähe haben will. Von ähnlicher Natur ist das Auftreten der Perser in Sistan, einer wüsten, nichtssagenden Gegend, wo der Schah schon seit drei Jahren immer auf Grenzerweiterung zum Nachtheile der Afghanen ausgeht, und dass es hier noch zu keinem Ausbruche zwischen den beiden Nachbarstaaten gekommen ist, das ist einzig und allein den Briten zuzuschreiben, die durch Worte der Mässigung und Drohung die beiden Kampfsüchtigen voneinander abhalten in der gerechtfertigten Voraussetzung, dass der kleinlich scheinende Hader dem dritten auflauernden Feinde zu Gunsten kommen könne. Selbst momentan weilt daselbst in politischer Mission Herr Goldsmith, ohne dass der Erfolg seiner Pacificirungsversuche uns bisjetzt bekannt geworden wäre. Ob sich Iran mit Russland verbinden will oder nicht, das brauchen die Moskowiten heute nicht mehr zu fragen, denn der persische Leue muss es sich gefallen lassen, dass sich der russische Bär seiner Pfoten bediene, weil ihm der kleinste Widerstand gar theuer zu stehen käme. Russland kann in kurzer Zeit ein Armeecorps über den Araxes nach der reichen Provinz Azerbaidschan schicken, dem Schah die Provinz Gilan entreissen und durch seine Stellung bei Aschurada Tausende der turkomanischen Freibeuter nach Mazendran und Chorassan senden. Wol sind russische Agenten und Consuln nicht tiefer als bis nach Teheran gedrungen; doch haben russische Imperials, als die meist circulirende fremde Münze, weit und breit im Lande die Macht und Grösse des Zaren verkündet. Die unter russischer Botmässigkeit stehenden Schiiten unterlassen es nie, wenn sie mit ihren Glaubensgenossen am Grabe zu Kerbela zusammentreffen, Ordnung und Gerechtigkeitsliebe des ungläubigen Urus über die verwerfliche und tyrannische Regierung des Schahs zu stellen, denn geregelter Despotismus ist leichter zu ertragen als ungeregelte Willkür. Ja, der Name Urus ist im Auge des Persers bei weitem kein so schrecklicher Popanz wie in dem Auge der Türken, und Russland ist sich dieser Vortheile im Osten völlig bewusst.

Braucht man nach dem hier Gesagten noch fernere Beweise anzuführen, um die Machtstellung des nordischen Kolosses in Persien einleuchtend zu machen? Schwer, wenn nicht unmöglich, ist es, seine Politik in Asien umzustürzen, besonders heute, wo seine Erfolge in Mittelasien die einzelnen Ringe zu einer solch soliden Kette zusammengeschmiedet haben, dass sie nur von aussergewöhnlichen Erschütterungen zerschmettert werden kann.

V.

Die Eroberungen, welche Russland im Osten des Kaspischen Meeres und des Uralgebirges von der Zeit ab, als es noch ein Grossfürstenthum war, bis zur Einnahme Samarkands gemacht hat, bewegten sich allem Anscheine nach im Anfange auf einem gänzlich abgegrenzten Gebiete der Politik, und die Früchte derselben konnten nur in der Neuzeit für die allgemeinen russischen Interessen verwerthet werden. Im Jahre 1462, bei der Thronbesteigung Ivan's III., den Tataren noch tributpflichtig, befiehlt Russland heute schon sämmtlichen Turkvölkern in Mittelasien, die wir früher mit dem Namen „Tataren" zu bezeichnen pflegten. Welch mannichfaltige Reihenfolge von Begebenheiten und Staatsumwälzungen haben nicht diesen Wechsel herbeigeführt, und dennoch müssen wir das Ergebniss als ein ganz natürliches ansehen. Mit der Auflösung der Goldenen Horde ist das westliche Aussenwerk des tatarischen Volkes niedergerissen worden. Die intensive Macht eines barbarischen Volkes muss schwinden, sobald es in seiner extensiven Kraft geschwächt zu werden beginnt, und als die westlichen Vorposten der Tataren über ihren nordwestlichen Nachbar, den Russen, nicht triumphiren konnten, da war schon vorauszusehen, dass nicht nur ihr fernerer Bestand in dem europäischen Russland unmöglich wurde, sondern dass selbst ihre Existenz in Asien gefährdet ist. Mit dem Falle von Kasan begann ihre Niederlage; die Russen konnten stromabwärts leicht vordringen, und als Astrachan in die Gewalt des Grossfürsten von Moskau fiel, da ging auch der letzte Glücksstern der Tataren unter. Die stammverwandten, tatarischen Völkerschaften und ugrisch-türkischen Horden, welche sich im Osten und Süden der Wolga aufhielten und sich nun auf, einmal ihres Schutzherrn und Alliirten beraubt sahen, konnten nichts Besseres thun, als mit den Siegern gemeinschaftliche Sache zu machen. Der sich abwärts wälzende Strom russischer Macht schwoll zusehends an, und selbst die schwachen Vorgänger Peter's I. genügten, um aus den Ruinen des mohammedanischen und heidnischen Tatarenreiches jenes christliche Tatarenreich zu bilden, das unter dem Namen russisches Grossfürstenthum figurirte. Ist es daher zu verwundern, wenn Peter I. als Herr der Tataren am untern Laufe der Wolga auf jenen Theil des ehemaligen Tatarenreiches hin seine Augen lenkte, welcher im Osten des Kaspischen Meeres lag und der Welt nur so weit bekannt war, indem man damals besonders viel von dem Reichthum des Chanates von Chiwa erzählte und wusste, es tummeln sich dort auf unabsehbaren Steppen wilde, herrenlose Horden herum? Kühnen und abenteuerlichen Unternehmungen war Peter I. nie abhold, er sandte auch 1717 den Fürsten Alexander Bekewitsch mit einer freundschaftlichen Mission, der ein Gefolge von mehrern tausend Soldaten besondern Nachdruck verleihen sollte, zum Fürsten von Chiwa. Chiwa jedoch, wie es scheint, wollte solch gigantischen Sympathien kein Zutrauen schenken, denn infolge eines Ueberfalles ging die ganze Gesandtschaft mit Mann und Maus zu Grunde, sodass kein Einziger die Trauerbotschaft nach Russland bringen konnte, wo noch heute das Sprichwort lebt: „Verloren wie Bekewitsch."

Von Westen aus in der Ausführung des Planes gehindert, versuchten die Nachfolger Peter's I. von Norden aus sich den Weg nach Mittelasien zu bahnen. Auf den sibirischen Acquisitionen des Räuberhauptmanns Yermaks fussend, musste man sich erst die sich an Südsibirien anschliessenden, unabsehbaren Steppen Mittelasiens aneignen und die auf denselben umherirrenden Horden der Kirgisen oder Kasaks, wie sie sich selber nennen, unter das russische Scepter bringen. Die Unterjochung eines derartigen Terrains mit derartigen Einwohnern war {das schwierigste Werk, das je Eroberer vollbrachten. Roms unfruchtbare Kämpfe mit den Parthern, Frankreichs Kriege auf den Steppen Algiers und die Bemühungen der Pforte in den Wüsten Arabiens sind eitle Kinderspiele im Vergleiche zu dem, was Russland auf seinem Zuge vom Ural bis zum Zerefschan mitmachen musste. Das Land musste schrittweise, das Volk familienweise erobert werden; hier musste es Gut und Blut aufs Spiel setzen, dort mit allen erdenklichen Intriguen den Boden unterminiren, bis es ihm endlich gelang, östlich von der Emba bis zum Aralsee und vom Norden bis tief ins Herz der sogenannten Grossen Horde vorzudringen. Europa hatte nicht die leiseste Ahnung von dem, was Russland in Bezug auf diesen Theil Asiens im Schilde führte, und der Hof von Sanct-Petersburg hätte noch weiter das Werk im verborgenen fortsetzen können, wenn nicht zufälligerweise Englands politische Verhandlungen mit Afghanistan im Jahre 1837, welche das Luchsauge der russischen Diplomatie früh genug erspäht hatte, die Aufmerksamkeit und eine mehr energische Action von seiten Russlands wach gerufen hätten. Die Herren an der Newa mussten, befürchtend, dass ihnen der britische Leoparde am Oxus und Jaxartes zuvorkommen werde, den langsamen, aber sichern Lauf ihrer Politik mit einem neuen Saltomortale vertauschen, mit welchem man zuerst auf Chiwa hinzielte. General Peroffsky, der nicht wie Bekewitsch mit einer freundschaftlichen Mission, sondern mit einer Armee ausgeschickt wurde, die 12000 Mann zählte und starke Artillerie besass, welche die Aufgabe gehabt haben soll, die in der Gefangenschaft schmachtenden Unterthanen des Zaren zu befreien, war schon mitten in einem sehr rauhen Winter bis zur Südostspitze des Aralsees vorgedrungen, als die mit dem Klima und den Wegen besser vertrauten Oezbegen ihm in den Weg fielen und ihn so arg zurichteten, dass er kaum den vierten Theil seiner Armee retten konnte. Drei Viertel derselben fielen als Opfer dem verheerenden Frost, dem Hunger und der turkomanischen Grausamkeit.

Als der östlich versuchte Weg nach den Binnenländern des Oxus und Jaxartes ein zweites mal nicht zum Ziele führte und der Hof von Sanct-Petersburg die gründliche Ueberzeugung erlangte, dass die Annäherung von den Ufern des Kaspischen Meeres aus gefahrvoll, wenn nicht unmöglich sei, da blieb ihm nichts anderes übrig, als auf der schon ziemlich vorgeschrittenen Strasse gegen den Jaxartes mit doppeltem Eifer fortzuarbeiten, um das so mühsame Werk mit Erfolg krönen zu können. Was die Absicht nach dieser Richtung hin begünstigte, war erstens jener Umstand, dass es viel leichter vorzudringen ist auf der Strasse von Orenburg, längs der Gebirgskette von Mogudschar nach der Nordspitze des Aralsees und den Jaxartesmündungen, wenn man die nöthigen Wachtposten aufstellt und die nöthigen Brunnen gräbt, als auf der unwirthbaren Steppe über Mangischlak, wo die mehr kriegerischen und wildern Turkomanen den russischen Transporten viel gefährlicher im Wege standen als die Kirgisen, die in Bezug auf Tapferkeit weit hinter den Turkomanen zurückstehen; zweitens, dass man sich im Norden auf einer andern Strasse, längs dem Balchaschsee über Semipalatinsk dem östlichen Chokand nähern konnte, mit der Voraussetzung, später die beiden Operationslinien zu vereinigen, wie dieses auch wirklich 1866 geschah; drittens endlich, dass man von dem militärisch schwachen Chanate von Chokand weniger Widerstand erwartete, als von den im ewigen Streite lebenden Einwohnern von Chiwa. Wie richtig diese Auffassung war, die erwähnte Operationslinie der erstern vorzuziehen, das hat die jüngste Vergangenheit zur Genüge bewiesen. Russland hat seit 1840, wo es ihm gelang, seinen europäischen Rivalen im Süden Asiens durch Vorspiegelung falscher Mässigkeitsgefühle zu beschwichtigen, ganz in der Stille mit einer kleinen, aber zähen Macht am rechten Ufer des Jaxartes Schritt vor Schritt seine Eroberungspolitik fortgesetzt; den Chokandern wurde eine Festung nach der andern abgenommen, auf dem Aralsee wurde eine kleine Flotille ausgerüstet, welche die operirende Landmacht unterstützte, und es ist nur dem tiefen Dunkel, in welches Russland seine Plane hüllte, zuzuschreiben, dass es beinahe 25 Jahre lang brauchte, um die Strecke von der Nordspitze des Aralsees bis nach Taschkend zurückzulegen. Während der ganzen Zeit hatte weder das europäische Festland noch England, welches an den Vorgängen in Mittelasien doch das meiste Interesse haben sollte und hat, auch nur eine schwache Ahnung von alledem, was daselbst vorging; das traurige Los der letzten britischen Reisenden in Mittelasien hat selbst den meist Unternehmenden den Muth benommen und wenngleich Bazargerüchte und Hadschineuigkeiten mitunter etwas von dem Vordringen der Russen erzählten, so kam die Nachricht, dass die Russen die Stadt Hazret in Turkestan eingenommen, und dass die Regierung die neuen Acquisitionen am Jaxartes zu einer neuen Provinz, „Turkestan" genannt, abgerundet hat, dennoch überraschend genug für Europa und besonders für England.

Man frug sogleich von London aus in Sanct-Petersburg an, ob denn die Regierung des Zaren noch etwa südlicher vordringen wolle und wie sich denn diese neue Eroberung mit den Principien der Mässigkeitspolitik verhalte? Die Frage war sehr naiv, aber nicht minder war es die Antwort. Fürst Gortschakoff erklärte nämlich in einer an die europäischen Grossmächte gerichteten Note, dass die Regierung des Zaren auf dem flüchtigen Sandboden der grossen Steppen keine solide Grenzlinie zu errichten vermöge und dass sie um das Wohl der kirgisischen Unterthanen besorgt, am bewohnten und urbaren Südrande der Wüste Fuss zu fassen gezwungen war, daher an Eroberungen oder neue Einverleibungen gar nicht denke. Wie die Erlangung eines Territoriums von der Grösse Frankreichs mit dem bescheidenen Namen Grenzabrundung getauft werden könne, war zwar nicht besonders einleuchtend, doch Europa bekümmerte sich wenig um die Vorgänge daselbst, und England, das einmal Indifferentismus auf seine Fahne geschrieben hatte, war gezwungen, zu allem eine gute Miene zu machen. Dass Russland an der Pforte Mittelasiens angelangt, bei der sogenannten soliden Grenzlinie nicht lange stehen bleiben werde, war leicht vorauszusehen, und um nicht mit sich selbst in Widerspruch zu gerathen, liess man die von allen Seiten umringte Stadt Taschkend, die reiche Handelsstadt und ein militärisch wichtiger Punkt des Chanates, als Bittstellerin um russische Protection auftreten. Wie hätte dann auch der weisse Zar die Gunst verweigern sollen? Taschkend wurde russisch, bald darauf auch Chodschend, und Chudajar Chan, dem Herrscher von Chokand, der bis zum Staube gedemüthigt war, blieb nichts anderes übrig, als durch Transaction mit den Ungläubigen seinen Thron zu retten. Früher mit dem Emir von Bochara gegen die Russen vereint auftretend, hat er durch Annahme des russischen Vasallenthums auch seinem in Stich gelassenen Alliirten die Grube gegraben. Das sich mächtig dünkende stolze Bochara wollte jedoch die drohende Gefahr nicht einsehen; es hatte seit Menschengedenken in Turkestan die leitende Rolle gespielt und um dem gemäss zu enden, liess es sich mit den Russen in einen Separatkampf ein.

Durch die herannahenden Gewitterwolken beunruhigt, war es Muzaffar ed din, dem Emir von Bochara, gar leicht, in der russischen Besitznahme Chodschends, auf das er sein Recht geltend zu machen suchte, einen Casus belli herauszufinden, und da Russland mit grösster Ungeduld die Initiative von einer Seite erwartete, so wurde der hingeworfene Fehdehandschuh in aller Hast aufgenommen und der Krieg mit Bochara begonnen. Man hatte es in Sanct-Petersburg wohl gewusst, dass die Demüthigung Bocharas nicht nur den Mohammedanern Mittelasiens, sondern dem ganzen Islam als schreckendes Beispiel dienen wird, und trotz aller spätern Behauptungen von absichtlicher Saumseligkeit und Widerwillen gegen die Erneuerung des Krieges hatte doch die Regierung des Zaren gegenüber Bochara ein sehr energisches Auftreten beschlossen. Uebrigens war dies gar nicht nöthig. Bocharas Macht und Grösse lebte nur dem Rufe nach; in Wirklichkeit aber konnte der Emir keinen stärkern Widerstand leisten als der Chan von Chokand; seine Armee wurde schon im ersten Treffen gleich einer Staubwolke von dem Sturme der nordischen Männer zerstreut und schon bei dem Ausgange des Gefechts bei Irdschar konnte der Emir die Nachricht seines gänzlichen Unterganges, die Russen den Bericht ihres totalen Sieges lesen. Diese eine Niederlage genügte, um den Herrscher von Bochara und sein Volk aller Sinne zu berauben, und die fanatische Menge, die ihre Schwäche gegenüber dem christlichen Sieger nicht anerkennen wollte, schrieb alles Unheil ihrem unglücklichen Fürsten zu. Trotz der drohenden Gefahr von aussen hatte Uneinigkeit auch das Land von innen getheilt, und die Russen, die sich des Haders am besten bedienten, konnten in der allgemeinen Verwirrung ohne jegliche Anstrengung vordringen. Eine Stadt fiel nach der andern, bis endlich Samarkand, die zweite Hauptstadt des Reiches, in die Hände des Erorberes kam und mit dem Emir ein Friede geschlossen wurde, nach dessen Stipulationen er ein förmlicher Vasall Russlands wurde. In dem nominellen Besitze der Krone beliess man ihn, aber nur eben deshalb, weil unter den jetzigen Umständen die Verwaltung des Landes durch Russen sehr lästig wäre und da schliesslich Bochara zur Wiedererlangung seiner Unabhängigkeit nur durch ausserordentliche Zufälle gelangen könnte.

Aber nicht nur im Süden Mittelasiens, sondern auch im Westen und im Osten Turkestans hat der Hof von Sanct-Petersburg gleiche Erfolge geerntet. Seit mehr denn 30 Jahren längs der westlichen Abhänge des Alantau gegen den See Issikkül vorrückend, konnte Russland durch diese Diversion erstens einer Operationslinie am Jaxartes Kraft verleihen, da der endliche Sieg nur aus der Vereinigung beider Linien hervorgegangen ist; zweitens gelang es ihm nach erlangter Suprematie am Zerefschan durch seine Position am Narinflusse eine solche Stellung einzunehmen, die es früher oder später mit dem heute unabhängig gewordenen Theile der chinesischen Tatarei in Krieg verwickeln und, wie sich leicht denken lässt, zum Sieger machen wird. Heute ist Jakub Kuschbegi, der Herrscher von Jarkend, noch im Siegestaumel seines Erfolges gegenüber China begriffen und dennoch schon auf derartige Eventualitäten gefasst; denn sein Kokettiren mit England, um dessen Allianz er im stillen wirbt, beweist dies am besten. Sollten sich nun die Ansichten der bri-

tischen Staatsmänner hinsichtlich Asiens nicht verändern,
so kann und wird Russland, welches heute schon im Besitze
des Terekpasses ist, durch welchen der sicherste Weg
nach Kaschgar führt, andererseits auch über den Weg
nach Aksu befiehlt, in unglaublich kurzer Zeit Herr der
Sechsstädte werden. Die Einwohner dieser Gegend Mittelasiens,
obwol fanatischer als die Einwohner Bocharas,
sind unbehülflich und feige im höchsten Grade, und wenn
sie dieses schläfrige Régime der Chinesen jahrhundertelang
im Zaume zu halten vermag, so wird dies Russland um
so leichter fallen. Was jedoch die Stellung der Russen
im westlichen Theile Turkestans, nämlich in Chiwa und
um die Oxusmündungen herum betrifft, so ist daselbst
zweifelsohne wegen der doppelten Katastrophe, welche die
russischen Waffen dort bestanden, am allerwenigsten geschehen;
denn obwol der Aralsee russisch geworden ist
und die Aralflotille infolge der am untern Jaxartes entdeckten
Steinkohlen in brauchbarerm Zustande sich befindet
als früher, so ist Kungrat, auf das Russland schon
längst ein Auge hatte, noch immer im Besitze Chiwas, und
russische Kaufleute wagen es noch nicht, das jungfräuliche
Terrain des chiwaer Handels zu betreten. Die russische
Politik pflegt nicht dreimal in einen und denselben
Fehler zu verfallen, und es ist wahrscheinlich, dass man
nun zur Besiegung Chiwas vom Westen aus schreiten
wird, nachdem der Scheinangriff von Osten aus, denn nur
als solchen können wir die Besitznahme der Krasnowodsker
Bucht und der damit in Verbindung gesetzen Handelsstrasse
nach Chiwa bezeichnen, inscenirt wird. Durch den
Fall Bocharas eingeschüchtert, werden sich die biedern
Oezbegen am untern Laufe des Oxus heute nicht mehr
so muthig geberden wie zur Zeit Allahkuli Chan's. Doch
wird die Unterwerfung keine unbedingte sein, der Kampf
um Freiheit und Existenz wird hier viel heisser sein, als

er in Chokand und Bochara gewesen, und Russland seiner
Sachlage ganz bewusst, ist in seiner Aggressionspolitik
auf Mittelasien klug genug, sich Chiwa auf zuletzt zu
lassen. Abgesehen davon, dass der bewohnte Theil des
Chanats nicht so leicht unter die Suprematie des weissen
Zaren zu bringen sein wird, hat man es hier mit mehr
als 100000 gutberittenen Turkomanen zu thun, die aus
verschiedenen Stämmen bestehen und untereinander in
ewiger Feindseligkeit leben, daher theilweise für guten
Sold in russische Dienste treten mögen, theilweise aber
mit Chiwa gemeinschaftliche Sache machen werden, und
der Kampf um das Steppengebiet, welches sich vom Oxus
bis zur persischen Grenze erstreckt, wird den Russen viel
theurer zu stehen kommen, als die wüste Heimat der Kirgisen.

Wer jedoch die schon überwundenen Schwierigkeiten
mit der noch zu leistenden Arbeit vergleichen will, der
wird es bald einsehen müssen, dass die russische Politik
in Turkestan am Vorabende ihres vollen Sieges dastehe
und dass sie gar nichts mehr in ihrem Vorschreiten aufhalten kann. Sie ist Herrin eines solchen Landes, wo
sich vor einigen Jahren nicht einmal der Schatten eines
Europäers zeigen durfte und von dem wir auch heute nur
noch sehr weniges wissen. In Taschkend, diesem alten
Neste turkestanischen Handels, haben heute russische
Kaufleute ihre Comptoirs eröffnet; dort wo es früher
von Hymnen des Asceten Chodscha Abdullah Jessevis
widerhallte, ertönen heute die vom Popen angestimmten
Kirchenlieder; in Samarkand, diesem Glanzpunkte des
Erdballes, wie es einheimische Dichter nennen, hält das
russische Commando die Ordnung aufrecht und der
Emir von Bochara, der sich früher geweigert hatte, die
Königin von England als eine ihm ebenbürtige Herr-
scherin anzuerkennen, zittert heute vor einem russischen
Adjutanten, den der Befehlshaber von Samarkand, um

eine Rate der schweren Kriegscontribution einzukassiren, nach Bochara geschickt hat. Bis heute ist der unglückliche Emir, der die Sünden seines lasterhaften Vaters büssen muss, nur deshalb unter russischen Schutz gestellt, weil man an der Newa das Aufkommen seines rebellischen Sohnes fürchtet, der die russische Stellung wol nicht gefährden, der aber den Kampf verlängern könnte; doch wird nach Muzaffar ed din in Bochara gewiss mehr kein Emir thronen, denn Russland wird sich bald gezwungen sehen, seine Grenzlinie von den Ufern des Zerefschan nach den Ufern des Oxus zu verlegen, ja sogar vielleicht jene Duodez-Chanate seinem Staatenverbande einzuverleiben, welche sich jenseits des Oxus befinden. Mit Vollendung dieses letzten Actes, welcher das Resultat eines Feldzuges werden kann, ist der Zar Herr aller Türkenvölker Asiens mit Ausnahme der Osmanlis, sind die Russen im ausschliesslichen Besitze des centralasiatischen Handels, von dem sie schon heute England verdrängen, und endlich wird die russische Diplomatie Meisterin auf dem Felde der Politik, da sie ihre gegenwärtige Stellung zum Schiedsrichter in den wichtigsten Fragen Ost- und Westasiens macht. Ein Blick auf die Karte von Asien wird uns dieses am besten beweisen.

Auf dem grossen Raume, welchen das gigantische Reich Russland daselbst einnimmt, ist es nirgends so weit vorgedrungen, als in seinen Eroberungen am Oxus; es hat nirgends einem solch soliden Widerstand begegnet als hier, wo es mit der Ambition einer andern europäischen Macht, nämlich des von Süden nach dem Norden Asiens vordringenden Grossbritanniens, zusammentrifft und wo es jenen Kampf der Rivalität beenden muss, welchen beide europäische Kolosse seit beinahe 200 Jahren um den Besitz Asiens führen. Ich ziele auf die Annäherung Russlands zu den britischen Besitzungen in Indien, eine Frage, die ich schon mehrmals eingehend besprochen und hier nur kurz berühren will. Dass die Politiker Englands in dieser Frage meine Rathschläge nicht beachtend, Russland zum Vorrücken gegen den Indus förmlich eingeladen haben, das scheint man an der Themse jetzt vollauf zu bereuen, denn die neuesten Transactionen mit Afghanistan und mit Ostturkestan einerseits und die Unterhandlung mit Russland andererseits sind evidente Beweise dafür. Was man vor fünf Jahren noch leicht hätte retten können, das ist heute unrettbar verloren. England muss im Vorgefühle der Gefahr Freundschaft heucheln, doch dass ihm Russland hart auf den Fersen folgt und es in die eminenteste Gefahr versetzen kann, das wird heute mehr kein Engländer in Zweifel ziehen, trotz aller Gleichgültigkeit, die man bei jeder Gelegenheit so gern zur Schau trägt. Ob Russland unter den heutigen Verhältnissen seiner innern Staatsangelegenheiten an dem Besitze Indiens gelegen ist, das ist noch sehr fraglich, ja sogar zweifelhaft. Doch die Idee seiner russischen Herrschaft über Indien lebt im Gehirn eines jedes Grossrussen und spornt ihn zu den kühnsten Schritten an. Im Jahre 1866 schrieb General Tschernaieff, der Held von Taschkend, in einem Privatbriefe an einen seiner Freunde, der an der Spitze des Guberniums von Vietka stand: „Der geheimnissvolle Schleier, welcher die bisjetzt als fabelhaft angesehene Eroberung Indiens durch Russland bedeckte, fängt an, sich vor meinen Augen zu heben." — Der Ehrgeiz ist leicht zu erklären, obwol Russland gegenwärtig mit allen Kräften nur dahin arbeitet, um durch seine neuesten Annexionen in die unmittelbare Nachbarschaft Indiens zu gelangen. Das grosse, reiche und buntbevölkerte Indien ist, trotz aller Anstrengungen der Briten, dieses alte Land im Schatten der neuen Cultur glücklich zu machen, ein von Unzufriedenheit und revolutionären Ideen stark unterminirtes Feld, auf dem bis heute nur zeitweise Ausbrüche, wie die Sepoy-Revolution von 1857, sich zeigten, auf dem aber häufigere Auflöderungen und Verwüstungen vorfallen werden, sobald es einen Nachbar bekommt, der die zündenden Funken leicht hinüberzuschleudern versteht. Nun ein solch gefälliger Nachbar wird ihm Russland werden. Im Nordosten, wo es mit dem der britischen Suzeränetät sehr abgeneigten Rajah von Kaschmir über das Kuen-Lungebirge schon zu kokettiren begonnen hat, wird sobald — denn sein politischer Sieg in Ostturkestan ist soviel wie gewiss — in zärtlich süssen Worten zu befehlen beginnen und im Karakorumpasse werden gewiss früher russische Kosacken einen Wachtposten errichten als die angloindischen Soldaten, trotzdem die Politiker am Hughly sich schon jahrelang zur Einnahme dieser Position anschicken. Im Norden und Nordwesten Indiens, in diesem durch seine dichte mohammedanische Bevölkerung meist gefährlichen Theile, schmeicheln sich die englischen Staatsmänner noch mit der Hoffnung, das zwischen dem Oxus und dem Indus gelegene Gebiet von Afghanistan einerseits durch Unterhandlungen mit Sanct-Petersburg in neutralen Boden zu verwandeln, andererseits sich durch Subsidien der afghanischen Allianz versichern zu können. Doch hat ihre Politik eine sehr schwache Basis. Erstens will und kann Russland keine Verbindlichkeit hinsichtlich seines zukünftigen Verhaltens jenseit des Oxus eingehen, denn die Russen sehen hierin nicht nur mit Recht einen Eingriff in die Selbständigkeit ihrer Handlungen, sondern sie wären auch nicht im Stande, Wort zu halten, dort, wo das Terrain, die Bevölkerung und das Ziel ein stetes Vordringen gebieten. Die Parlamentsmitglieder werden ebenso sehr von den aufmunternden Versprechungen des Herrn Gladstone irregeführt sein, als sich Lord Mayo in den Freundschaftsversicherungen Schir Ali Chan's, des gegen-

wärtigen Herrschers in Afghanistan, täuschen wird. Erstens sitzt Schir Ali Chan nur so lange auf dem Throne in Kabul, als ihm der indische Finanzminister zur Beseitigung seiner Rivalen genug Geld zuschickt; zweitens sind diese fürs Geld erkauften afghanischen Sympathien bei höherm Angebote auch andern zugänglich, und wenn wir gleich annehmen, dass Schir Ali Chan zuverlässig genug ist, wer weiss es aber, ob sich sein Nachfolger so rubelfest halten wird?
Wer würde daher so kurzsichtig sein, um nicht einzusehen, dass Russland seine Stellung, gegenüber Indien, dieser Achillesferse Grossbritanniens, zu Gunsten seiner Plane im Westen und später auch im Osten Asiens auszubeuten vermag!? Es möge die jüngern Diplomaten Englands, wie z. B. Lord Stanley an der türkisch-britischen Allianz noch so sehr rütteln; sie steht fest, ja ist heute schon traditionell geworden und die Freundschaft zwischen Saint-James und Sanct-Petersburg darf noch so gross sein, so wird doch immer das Gebrüll des britischen Leoparden den Zaren von seinen Planen nach dem Bosporus abschrecken und abhalten.
Gibt es also ein besseres Mittel, um diese Bestie (wie sie John Bright einst nannte) verstummen zu machen, als durch eine Revolution am Indus und am Ganges einen zweiten Nana Sahib ins Feld zu bringen, dem russische Unterstützung selbst gegenüber dem aussergewöhnlichen Heroismus neuer Havelocks, Campbells und Henry Lawrence eine seltene Zähigkeit verleihen konnte? Trotz der Wichtigkeit der Interessen, welche sich für Grossbritannien an den levantinischen Handel und an das Mittelländische Meer knüpfen, so liegt ihm das grosse indische Kaiserreich doch näher am Herzen; es ist die Basis seiner Stellung als Grossmacht und um diese zu festigen, wird es genöthigt sein, den Russen in der Türkei freie Hand zu lassen. Eine ziemlich ähnliche Gestalt nehmen die po-

russischen Vasallenthums auch seinem in Stich gelassenen
Alliirten die Grube gegraben. Das sich mächtig dünkende
stolze Bochara wollte jedoch die drohende Gefahr nicht
einsehen; es hatte seit Menschengedenken in Turkestan
die leitende Rolle gespielt und um dem gemäss zu enden,
liess es sich mit den Russen in einen Separatkampf ein.

Durch die herannahenden Gewitterwolken beunruhigt,
war es Muzaffar ed din, dem Emir von Bochara, gar leicht,
in der russischen Besitznahme Chodschends, auf das er
sein Recht geltend zu machen suchte, einen Casus belli
herauszufinden, und da Russland mit grösster Ungeduld
die Initiative von einer Seite erwartete, so wurde der hingeworfene Fehdehandschuh in aller Hast aufgenommen
und der Krieg mit Bochara begonnen. Man hatte es in
Sanct-Petersburg wohl gewusst, dass die Demüthigung
Bocharas nicht nur den Mohammedanern Mittelasiens, sondern dem ganzen Islam als schreckendes Beispiel dienen
wird, und trotz aller spätern Behauptungen von absichtlicher Saumseligkeit und Widerwillen gegen die Erneuerung des Krieges hatte doch die Regierung des Zaren
gegenüber Bochara ein sehr energisches Auftreten beschlossen. Uebrigens war dies gar nicht nöthig. Bocharas
Macht und Grösse lebte nur dem Rufe nach; in Wirklichkeit aber konnte der Emir keinen stärkern Widerstand
leisten als der Chan von Chokand; seine Armee wurde
schon im ersten Treffen gleich einer Staubwolke von dem
Sturme der nordischen Männer zerstreut und schon bei
dem Ausgange des Gefechts bei Irdschar konnte der
Emir die Nachricht seines gänzlichen Unterganges, die
Russen den Bericht ihres totalen Sieges lesen. Diese eine
Niederlage genügte, um den Herrscher von Bochara und
sein Volk aller Sinne zu berauben, und die fanatische
Menge, die ihre Schwäche gegenüber dem christlichen
Sieger nicht anerkennen wollte, schrieb alles Unheil ihrem

unglücklichen Fürsten zu. Trotz der drohenden Gefahr von aussen hatte Uneinigkeit auch das Land von innen getheilt, und die Russen, die sich des Haders am besten bedienten, konnten in der allgemeinen Verwirrung ohne jegliche Anstrengung vordringen. Eine Stadt fiel nach der andern, bis endlich Samarkand, die zweite Hauptstadt des Reiches, in die Hände des Erorberes kam und mit dem Emir ein Friede geschlossen wurde, nach dessen Stipulationen er ein förmlicher Vasall Russlands wurde. In dem nominellen Besitze der Krone beliess man ihn, aber nur eben deshalb, weil unter den jetzigen Umständen die Verwaltung des Landes durch Russen sehr lästig wäre und da schliesslich Bochara zur Wiedererlangung seiner Unabhängigkeit nur durch ausserordentliche Zufälle gelangen könnte.

Aber nicht nur im Süden Mittelasiens, sondern auch im Westen und im Osten Turkestans hat der Hof von Sanct-Petersburg gleiche Erfolge geerntet. Seit mehr denn 30 Jahren längs der westlichen Abhänge des Alantau gegen den See Issikkül vorrückend, konnte Russland durch diese Diversion erstens einer Operationslinie am Jaxartes Kraft verleihen, da der endliche Sieg nur aus der Vereinigung beider Linien hervorgegangen ist; zweitens gelang es ihm nach erlangter Suprematie am Zerefschan durch seine Position am Narinflusse eine solche Stellung einzunehmen, die es früher oder später mit dem heute unabhängig gewordenen Theile der chinesischen Tatarei in Krieg verwickeln und, wie sich leicht denken lässt, zum Sieger machen wird. Heute ist Jakub Kuschbegi, der Herrscher von Jarkend, noch im Siegestaumel seines Erfolges gegenüber China begriffen und dennoch schon auf derartige Eventualitäten gefasst; denn sein Kokettiren mit England, um dessen Allianz er im stillen wirbt, beweist dies am besten. Sollten sich nun die Ansichten der bri-

Lectionen in europäischen Waffenübungen verschont geblieben; die Verachtung und Geringschätzung der europäischen Mächte war noch zu gross, als dass es sich auf irgendeine Weise in seinen Rechten hätte schmälern lassen; zweitens war Russland selbst theils in Westasien, theils in Europa zu sehr beschäftigt; als dass es zur Ausführung seiner Plane im fernen Osten, wo es ohnehin keinen Rivalen zu fürchten hatte, mit besonderer Hast vorgeschritten wäre. Die Herren an der Newa liessen sich im Vorgefühle des sichern Erfolges Zeit, bis die Kriege von 1839 und 1860, in welche China mit den Westmächten verwickelt wurde, die hartnäckigen Mandarine in Peking genug mürbe machten, um Tractate nach russischem Belieben unterzeichnen zu lassen. Da rückte Russland mit der Farbe heraus und gewann, wie sich leicht denken lässt, den vollkommensten Sieg.

Ungunst am Hofe von Sanct-Petersburg war die Hauptursache, dass Graf Nikolai Muravieff im Jahre 1848 mit dem Gubernium von Ostsibirien betraut wurde. Dieser Mann mit eisenfestem Willen und marmorkaltem Herzen war auch das richtige Werkzeug, mit welchem die von seinen Vorgängern oftmals versuchte Eroberung des Amurlandes bewerkstelligt werden konnte. Weder Rauheit des Klimas, noch die tödtende Luft der mit Urwäldern bedeckten sumpfigen Ufergegenden konnten diesen historisch berühmten Barbaren dazu bewegen, von seinem schweren Vorhaben abzulassen. Erst im vergangenen Jahre hat ein Russe in Alexander Herzen's Blatt einen Bericht über Muravieff's Wirken am Amur veröffentlicht; mit wahren, aber grellen Farben schilderte er, wie Hunderte von Russen, die zum Ebnen der Wege oder auf einen einsamen Posten in die Wälder ausgeschickt wurden, dem Hunger, Frost und der Anstrengung erlagen, ohne dass man in Petersburg die Dienste des übereifrigen Dieners, welcher gleich dem flüchtigen Mörder Tschernigofsky 1665 (der seine Sünden hier büsste) die Scharte der Ungnade auswetzen wollte, auch nur im mindesten getadelt hätte. Ohne jegliches Geräusch bewegte sich die Invasionsarmee zu Wasser und zu Lande dem Amur entlang zu dem japanesischen Meere hin. Man begann wie gewöhnlich mit Forts, die später wie überall zu Städten und Colonien anwuchsen; 1851 entstand der Nikolaiposten an dem sogenannten Amur Liman; später folgten die Forts Marinsk, Alexandrowsk und Konstantinowsk. Die Russen gingen so zu Werke, als wäre das ganze Amurgebiet ihr altes Eigenthum, und da sie dies alles unter den Augen der chinesischen Behörden thaten, die sich ruhig verhielten und nur sorgfältig abgefasste Rapporte nach Peking sandten, so war die russische Diplomatie naiv genug, um das Stillschweigen der Chinesen als eine Einwilligung hinzunehmen; und vielleicht nur der Formalität halber erachtete man es für nothwendig, 1857 den Admiral Putjatin zu den Chinesen zu schicken, damit er die definitive Abtretung des schon im Vorhinein sich zugeeigneten Territoriums am Amur verlange. Zum Glück für Russland war China durch seine Feindseligkeiten mit den Westmächten eben damals abgehalten, den russischen Forderungen eine kategorische Antwort zu geben. Die Sache zog sich in die Länge; der Hof von Sanct-Petersburg, der wie immer von lauter Zärtlichkeitsgefühlen für den Schwächern übersprudelte, auch jetzt mit dem hartbedrängten Hiengfu sympathisirte und während des ganzen chinesischen Krieges in Peking in hohen Gunsten stand, wollte durch neue Forderungen nicht ungelegen werden. Man wartete und erhielt als Belohnung für die neutrale Stellung und die an den Tag gelegte Mässigung, gewiss auch für die Krokodilsthränen, welche die russischen Gesandtschaftsmitglieder über die Zerstörung des kaiserlichen

Sommerpalastes in Yuen-Ming-Yuen vergossen, den Vertrag von Aigun am 28. Mai 1858, welcher später in Tien-Tsin chinesischerseits ratificirt wurde, worauf dann 1860 in dem zwischen General Ignatief und dem Prinzen Kung abgeschlossenen Handelsvertrage die Grenzlinie zwischen China und Russland derartig festgesetzt wurde, dass letzteres das ganze linke Ufer des Amurs bis zur Mündung des Ussuri und von da weiter auch das rechte Ufergebiet bis zur Mündung des kleinen Flusses Tiumen erhielt. Diese Acquisition, obwol beinahe 11800 ☐Meilen gross, aber äusserst dünn bevölkert, wurde für Russland, was den momentanen Nutzen anbelangt, nur insofern werthvoll, dass sie erstens die Communication des innern Sibiriens mit der Aussenwelt erleichterte, denn im Hafen von Nikolojefsk müssen die Schiffe noch vor Ende October die Anker lichten, um nicht bis April eingefroren stehen zu bleiben, während die südliche Küste der Mandschurei viele ausgezeichnete Häfen hat, wo Schiffe das ganze Jahr hindurch bleiben können. Zweitens gelangt Russland durch diese Stellung in die unmittelbare Nähe jenes Kampfplatzes, auf welchem die Westmächte für die Vertretung ihrer Handelsinteressen in Ostasien in neuerer Zeit einstehen, und friedlich um die wechselseitige Suprematie miteinander wetteifern. Während Frankreich seinen commerziellen Interessen in den ostasiatischen Gewässern von seinen Besitzungen in Cochinchina, England denselben von Indien aus Schutz angedeihen lassen kann — braucht Russland von seiner südlichen Stellung in der Bucht von Posiette, vor der neuen Stadt Vladivostock aus kaum den achten Theil jener Strecke zurückzulegen, auf welcher französisch-englische Flotten nach China und Japan gelangen können. Für die Gegenwart natürlich bildet dieses alles nur den Grundriss eines Planes; denn heute will man sich in dem allzu hohen Werthe, zu welchem das

Amurgebiet im Anfange geschätzt wurde, getäuscht haben. Ich gebe es gern zu, dass man mit dieser russischen Besitzung, wie mit allem, was in der Ferne liegt, zu viel Lärm geschlagen hat; doch muss man in Erwägung ziehen, dass Sibirien schon in der nächsten Zukunft, sobald das projectirte Eisenbahnnetz in Russland eine Wirklichkeit wird, in Betreff seiner materiellen Lage einer bedeutenden Verbesserung entgegengeht. Südsibirien und die Mandschurei sind wirklich reich an den mannichfaltigsten Producten der Natur; nur der Kanal des grossen Weltverkehrs muss sie berühren und die nur scheinbare Lethargie bald in blühendes Leben umwandeln. Durch das Küstenland der östlichen Mandschurei wird Russland am leichtesten zu diesem Ziele gelangen.

Und dennoch wird der Hof von Sanct-Petersburg nicht bei der Grenzlinie am Ussuri und Amur verbleiben. Sowie überall, wo die Grenze eines Reiches durch ein von Nomadenvölkern bewohntes Steppengebiet hinläuft, an eine stabile Ordnung gar nicht zu denken ist und die Ursachen zu Streitigkeiten nicht weither zu suchen sind, ebenso wird sich Russland bald gezwungen sehen, seine Grenzlinie einerseits bis an die Ufer des Szangaraflusses, andererseits bis zur Südgrenze der unabhängigen Mongolei, welche ungefähr 125 deutsche Meilen von der Chinesischen Mauer entfernt ist, auszudehnen. Sowol im Westen des Ussuri als auch im Süden von Kiachta ist die Strasse zu neuen Eroberungen schon ziemlich angebahnt; in Urga allein gibt es ungefähr zwanzig etablirte russische Handlungshäuser, ein einflussreiches Consulat mit einem Kosackenvorposten, ja man ist russischerseits schon längst mit der Behauptung aufgetreten, dass die natürliche Grenze beider Staaten die südliche Gebirgskette Khingan sei. Die Russen brauchen gar nicht die Gelegenheit abzuwarten, bis das morsche Staatsgebäude Chinas in

Trümmer zerfällt, der Zar ist freundlich genug, seinem himmlischen Bruder schon vom lebendigen Leibe einzelne Glieder abzureissen.

Doch nicht nur im Osten, auch im Westen Chinas ist man im Begriff, einen tüchtigen Brocken zu erhaschen. Ich ziele auf das Ili-Thal oder, wie es sonst genannt wird, die Ili-Provinz, ein seiner Bodenbeschaffenheit und seiner klimatischen Verhältnisse halber weit und breit berühmtes Stück Land, welches in der Mitte des vorigen Jahrhunderts nach dem Verfalle des Dzungarenreiches von China erobert wurde, in der neuesten Zeit aber, nämlich im Jahre 1864 während des Aufstandes der Döngenen im Vereine mit Ostturkestan sich von der chinesischen Herrschaft losgerissen hatte und heute unter der Leitung eines hierarchischen Oberhauptes seine Unabhängigkeit bewahrt hat. Dieser westliche Theil der Dzungarei liegt aus verschiedenen Gründen der russischen Aggressionspolitik schon längst im Auge. Erstens münden die Pässe des Muzartgebirges, — die älteste und kürzeste Strasse nach Ostturkestan, es sei dies nach Turfan Aksu oder Kuldscha — in die Ili-Provinz, sodass ohne Besitz Kuldschas die Herrschaft in den Thälern des Thien Schan-Gebirges gar nicht denkbar ist. Zweitens wird durch die Annexion dieser stabilen, Ackerbau treibenden Provinz das russische Régime unter den Kirgisen und Buruten des Alataugebirges sich in demselben Masse stärken, in welchem die Eroberung Taschkends zur Beherrschung der Kasak beitrug. Drittens kann Russland hier mit gewissen Rechtsansprüchen auftreten; es kann nämlich die Kalmücken, die sich 1771 vom russischen Territorium im Norden der Kaspischen See hierher flüchteten, als Deserteure zurückverlangen. Sie gehörten zu jenem Erbtheil, welches von Dschengiz Chan dem Herrscher des Hauses Romanoff zufiel, und in Nachtheil kann Russland nicht so leicht gestellt werden. Bis heute bildet wol auch der Fluss Uessük welcher in 79 Grad Länge und 44 Grad Breite sich in den Ili ergiesst, die östliche Grenze Russlands gegenüber der Dzungarei; doch brauchen die Kosackencolonien in Kopal und Vernoe sich nur zu vermehren, mit Einem Wort es braucht sich die Stellung am Issik-Köl nur etwas zu consolidiren, und die russische Diversion gegen Kuldscha und Tschugutschak wird nicht lange auf sich warten lassen.

Wie wir daher sehen, sind es vorzüglich zwei Völkerelemente, mit welchen der Zar sein Gebiet auf Kosten Chinas abrunden will. Erstens Mongolen und Kalmücken, zweitens Tataren. Von Erstern befinden sich bis heute nur 500000 unter russischem Scepter, das Gros der mongolischen Nation steht theils unter directer, theils indirecter Botmässigkeit der Chinesen, und da trotz aller Glaubensverwandtschaft zwischen den schlichten, aber biedern Nomaden der Gobiwüste und den verschmitzten Chinesen nie ein besonders hoher Grad der Liebe existirte, so wird es dem Mongolen vom Grunde auf gleichgültig sein, ob er dem Autokraten von Peking oder dem Autokraten von Sanct-Petersburg Tribut zahlt, nachdem er infolge eines verhängnissvollen Loses keinem von beiden entrinnen kann. Was die Tataren der Dzungarei betrifft, so werden sie den letzten Ring jener Kette turco-tatarischer Völker bilden, die Russland im Norden und im fernen Osten Chinas sich unterworfen hat, und der Herrenwechsel wird den friedlichen Tarantschis*) am Ufer des Ilis um so lieber sein, da sie im umgekehrten Falle China anheimfallen, welches ihre islamitischen Gefühle weit mehr verletzt als Russland. Ist dieses geschehen, sind Mongolen

---

*) Tarantschi (Landmann) heisst man die von den Chinesen aus Ostturkestan ins Exil hierher gebrachten Tataren, die sich zumeist mit dem Ackerbau beschäftigen.

und Tataren gänzlich dem russischen Völkerverbande einverleibt, so hat China die Aussenwerke seiner nördlichen Grenze verloren, zu welchen es mehr Zuversicht hat, als zu dem Meere, das es im Süden umgibt, es steht einer Invasion von dieser Seite her offen und eine russische Armee kann nicht nur viel leichter in Peking einziehen, als es die anglo-französische im Jahre 1860 that; sondern sie kann auch den eroberten Boden leichter und besser bewachen. Denn Russlands Weg ist keinem trüglichen Wellenspiele, keinen Taku-Forts ausgesetzt, es zieht durch eine ununterbrochene Kette von Besitzungen bis zum Centrum der Macht.

Ich frage nun: Wie wird Europa, wie werden namentlich Frankreich und England es ertragen, wenn sie die für sie so wichtigen Handelsinteressen in Ostasien von der Rivalität Russlands gefährdet sehen? Die trostlose Idee eines friedlichen Zusammenlebens ist in China eine ebenso irrige wie am Hindukusch und an den Ufern des Bosporus, und eine Collision wird auch hier, wenngleich später erst, aber doch stattfinden müssen.

VII.

Dieses wären die Umrisse des Bildes, welches ich
von der Machtstellung Russlands in Asien entwerfen
wollte; und obwol der Rahmen zu eng ist und die Farben
zu matt sind, so wird sich der Leser doch überzeugt
haben, dass die Macht, die sich vom Eismeere bis zum
Hindukusch erstreckt, deren südliche Grenze von den
Donaumündungen bis zur Bucht von Posiette in einer
mehr als 7000 Wersten langen Linie hinläuft, keinesfalls
von derartiger Natur ist, dass wir deren zukünftiges
Wirken und Streben mit Indifferentismus betrachten könnten. Wir haben gesehen, wie die russischen Vorposten
am Ussuri und am Amur, am Rande der Gobiwüste, am
Ili-Strome, am Terekpasse, am Oxus und am Aralsee, an
den Gebirgsspitzen des Kaukasus, wie an den Niederungen
Bessarabiens lauernd dastehen, überallhin und immer nach
Eroberung aussehend. Am Hofe zu Peking, beim grossen
Lama von Urga, in den Filzzelten kirgisischer und kalmückischer Graubärte, bei den Fürsten Mittelasiens sowol
als im königlichen Schlosse zu Teheran und im Serail zu
Konstantinopel finden wir überall russischen Einfluss,
sich entweder unter der Decke freundlichen Gebarens
erst einschleichend oder schon mit gebieterischer Stimme
tonangebend. Im Besitze von mehr als der Hälfte
Asiens, wo die Zaren eine Reichseinheit aus Nationen

verschiedener Abstammung, Zunge, Sitte und Religion gegründet, wo sie ihren Thron auf den Trümmern so vieler Kronen und Diademe aufrichten, will die russische Diplomatie das gigantische Machtgebäude ihres Herrn noch immer weiter gen Süden ausdehnen; denn der Name Rus und die politischen Umtriebe der Russen sind in Aegypten und Arabien, in Mascat, in den Staaten des Nizam und in Mysore gleichmässig gekannt. Schon wird aus einem Punkte des grauenvollen, unheimlichen Nordens über das Los so vieler blühenden Gegenden Asiens, über Nationen mit historischer Vergangenheit, über Völker von urwüchsiger Frische entschieden; was Dschengiz und Timur hinterlassen haben, ist schon theilweise dem Hause Romanoff zugefallen, und noch immer der Hunger nach Erde, der Durst nach Macht nicht gestillt.

Wahrlich es ist schwer zu sagen, was man erst bewundern soll, ob die schwindelerregende Höhe, welche der Koloss schon erreicht hat, oder die grenzenlose Ambition, die ihn noch durchströmt?

Beides sind Phänomina sondergleichen; aus keinem von beiden strahlt ein Schimmer rosiger Zukunft für unsere abendländischen Culturzustände und in beiden ist des Stoffes genug vorhanden, um einen über die Schranken der Alltäglichkeit hinausblickenden Menschen bedenklich zu machen. Solange die Theorie feststeht, nach welcher die allzu grosse Machtentfaltung eines Staates dem Gedeihen kleinerer Nachbarstaaten gefahrbringend im Wege stehen kann, so lange kann und darf Europa der russischen Aggressionspolitik in Asien nicht mit der bisjetzt an den Tag gelegten Gleichgültigkeit zuschauen, desto weniger aber es, indem es ihm die Rolle eines Givilisators zuspricht, zum weitern Fortfahren auf dieser Bahn noch ermuntern. Russland ist heute nicht mehr der leere Begriff eines gigantischen, aber inwendig leeren und öden Reiches; das

Zarenreich wächst nicht nur an Quadratmeilen der neugewonnenen Oberfläche, sondern auch an Seelen und an materiellen Kräften, wozu ihm natürlich europäische Industrielle des Auslandes am meisten behülflich sind. Zur Zeit Peter's I. zählte es nur 15 Millionen Einwohner; bei der Thronbesteigung Katharina's II. 25 Millionen, beim Tode Alexander's I. 58 Millionen, somit gibt die heutige Bevölkerung, 77 Millionen, einen Zuwachs, welchen in verhältnissmäsiger Zeit kein Staat, auch England nicht aufweisen kann und der ein Resultat moskowitischer Herrschaft, nicht aber moskowitischer Rasseneigenheit ist. Der Takt und die Geschicklichkeit, mit welcher Russland die unterjochten Völker, sie mögen ethnographisch noch so sehr voneinander verschieden sein, erst entnationalisirt und dann mit sich amalgamirt, verdient wirklich bewundert zu werden. Die Procedur, die überall mit genauer Scrupulosität befolgt wurde, ist ungefähr folgende. Zuerst wird der Block des eroberten Nationalkörpers durch Keile kosackischer Vorposten gesprengt. Diese Kosacken, welche mit Weib und Kind, ja gleichsam mit Haus und Hof in den Krieg ziehen, stehen, was ihre Bildung betrifft, selten höher als die eroberten Völker; der nachbarliche Umgang ist daher beiderseits ermöglicht, und da in Asien der Beherrscher immer der Tonangebende ist, so werden die Beherrschten mit den Sitten und Lebensweisen ihrer Herrscher mehr und mehr vertraut. Man fängt gewöhnlich bei den Lastern an, denn der Hang nach Branntwein ist die erste Lection, welche so manche nomadische Völkerschaften von der kosackischen Civilisation erhalten haben. Hierauf folgt der Austausch abergläubischer Ideen, wobei, wie sich leicht denken lässt, die vom russischen Popen sanctionirten den Vorzug erhalten, erst nach wunderbaren Zauberformeln und Beschwörungen kommt die russische Bibel, mit welcher bewaffnet der neuunterjochte Nomade der erbittertste und gefährlichste Feind seiner noch dem Freiheitsgefühle huldigenden Stammesgenossen wird. Dort, wo die Lehre Buddha's oder Mohammed's der orthodoxen Kirche voraufgegangen ist, wird der Sieg nicht so leicht, ja wie die Erfahrung lehrt, sogar sehr schwer, aber desto leichter ist er und war er bei jenen turanischen Völkerschaften, welche in Mittel- und Südsibirien von Irkutsk angefangen bis hin zur Wolga wohnten und von denen ein grosser Theil mit dem Kerne der russischen Nation verschmolz. Die Jakuten an der Lena, die Syrjenen an der Petschora, die Tscheremissen, Vogulen und Votjaken im Westen des Ural waren noch vor 30 Jahren, als Böthling, Castrén und Reguly sie besuchten, wenigstens fünfmal so stark an der Zahl, als sie es heute sind. Seuchen und Kriege haben sie nicht getödtet, sondern sie sind durch die erwähnte Procedur in das Russenthum aufgegangen. Ich habe gesagt, die Mohammedaner bilden einen spröden Stoff für die Russificationsgelüste, doch könnte ich die Frage nicht beantworten, was aus der ehemals reichen tatarischen Bevölkerung der Krim und Bessarabiens geworden ist, da heute nach den neuesten statistischen Angaben die Gesammtzahl der unter Russland lebenden Turco-Tataren, worunter man nicht nur die Nogaier, sondern auch die Baschkiren, Tschuwaschen und Kirgisen versteht, nur 4,780000 beträgt. Die sporadisch vorkommenden Auswanderungen nach der Türkei sind kaum in Anbetracht zu ziehen, doch um desto mehr ist es der dreissigjährige Militärdienst, der dem Namen so manches Nogai, Baschkiren u. s. w. die Suffix off angehängt hat; es entstanden Eminoffs, Kasimoffs, Velichanoffs, Nazaroffs, aus Emin, Kasim, Velichan und Nazar, wodurch das mohammedanisch-tatarische Element gewiss nicht zu Vortheilen kam. So wird dies noch lange fortgehen. Russland wird, anstatt die unterjochten Völker zu civilisiren, mehr die Russification als das Hauptziel seiner Eroberungen ansehen; höhere Ziele will es nicht kennen. Dass die Entwickelung der materiellen Kräfte des Landes nicht in dem Grade fortschreitet als die Vermehrung der Einwohnerzahl, wird niemand überraschen, doch ist in den letzten 25 Jahren auf dem Felde des Ackerbaues und der Industrie so manches geschehen, was auf eine Besserung hindeutet. Die Hebel sind wol ausländische Kräfte, doch der Nutzen fällt Russland anheim. Die ausgezeichneten Fabriken für Eisen- und Metallwaaren, für Tuch und Baumwollstoffe, welche natürlich den gleichartigen Erzeugnissen Europas noch weit nachstehen, haben in der asiatischen Türkei, in Persien, in Mittelasien, in Afghanistan, im Norden Indiens und in China sich ein gigantisches Territorium erobert, was niemand mehr empfindet, als John Bull, dessen Handel selbst aus Afghanistan verdrängt wird. Im innern Theile des Reiches, namentlich im europäischen Russland ist die Zahl der projectirten Eisenbahnbauten keine unbedeutende. Fünf verschiedene Linien werden das entfernteste Innere mit der Wolga, dieser Hauptader des Verkehrs, in Verbindung bringen. Moskau wird mit den verschiedensten Punkten des europäischen Russlands, als mit Odessa, Sanct-Petersburg, Orel und Kiev in Communication stehen, und da sich diese Linien immer mehr gen Osten hin ausdehnen werden, und eine von ihnen, die von Samara nach Orenburg, schon nächstens in Angriff genommen wird; so wird Russland seinen grössten Feind, wie Nikolaus die Entfernung zu nennen pflegte, auch bald besiegt haben und zwar, was komisch genug klingen mag, mit Hülfe Englands. Grossbritannien hat einem mächtigen Rivalen auch hier in Vortheil gebracht, denn 1868 haben die Geldhändler Londons beinahe 12 Mill. Pfd. St. in russische Eisenbahnen investirt. Der Handelswelt gab Russland zu verstehen, dass es mit den

Eisenbahnen rein commerzielle Zwecke verfolge, was einerseits auch ganz richtig ist; doch müsste man sehr kurzsichtig sein, um die strategischen Vortheile der Schienenstrasse zu übersehen. Um wie viel wird nicht die Concentrirung der Truppen, die Nachsendung von Proviant und Munition erleichtert werden, um wie viel dröhnender wird nicht die russische Machtstimme sowol an der Donau und Weichsel, als auch am Bosporus, Araxes, am Hindukusch und am Amur ertönen, wenn Russland zur Zurücklegung gewisser Strecken nur so viel Tage brauchen wird, als es heute Wochen bedarf?

Bei dem Geiste des Fortschrittes, der heute den ganzen Westen belebt, bei der gründlichen Ueberzeugung, dass Eisenbahnen und industrielle Bewegung die besten Apostel der Bildung und Aufklärung sind, sollte uns doch das Vorwärtskommen Russlands mit guten Hoffnungen ob seines zukünftigen Einflusses auf Europa erfüllen; man sollte glauben, es werde unter der Aegide der neuen Civilisation wenn auch nur langsam, aber doch den Pfad der echten Freiheit und des ewigen Friedens betreten! Leider ist bisjetzt nicht die geringste Spur vorhanden, welche zu derartigen Hoffnungen berechtigen würde, denn Russlands Politik trägt noch immer zu sehr den mittelalterlichen Zuschnitt, ihm ist es noch immer um neue Besitzungen und Ländereien zu thun, und das Feld, das es sich umzäunt hat, ist schon zu ausgedehnt, zu gross, als dass es seinen historischen Beruf auf demselben erfüllen könnte. Non datur saltus in natura, wird man sagen, politische und sociale Reformen lassen sich nicht im Handumdrehen vollziehen, es gehört dazu ein Menschenalter. Doch wie ist die Thatsache zu beschönigen, dass Russland, dieses mächtige, christliche Russland, trotz aller Nachbarschaft, Freundschaft und steter Berührung mit dem Abendlande es in der allgemeinen Bildung seiner russischen Bevölkerung nicht weiter bringen konnte als die so oft gerügte Türkei und Persien? Man will uns immer bei derartigen Controversen mit der hohen Bildung des russischen Adels und der russischen Intelligenz abspeisen. Von ihrer Kenntniss des brillanten Salonlebens, von ihrem geläufigen Parliren fremder Sprachen hat sich ein Jeder überzeugen können; doch wer hat ihre geistigen Werke gelesen? Was unter Russlands Firma heute auf den europäischen Markt der Wissenschaft gelangt, ist die Frucht deutscher Gelehrsamkeit und deutschen Fleisses; denn wenn es auch in der Neuzeit Chanikoffs, Zernoffs, Semenoffs, Severzoffs gibt, wie verschwindend klein ist doch ihre Zahl und wie gering ihr geistiges Wirken neben dem geistigen Contingent, welches Deutschland von jeher geliefert hat und noch liefert *), ein Contingent, welchem die Moskowiten die Kenntnisse ihres eigenen Landes, so manche Heldenthat ihrer Armee und den Ruf eines asiatischen Explorators verdanken. Bei Gott, es wäre schade, wenn wir uns in unserm Zeitalter, das wir so gern das praktische nennen, Illusionen hingeben würden; denn nur eine Illusion ist es, aus dem durch und durch asiatischen Russen einen Europäer machen zu wollen, aus Asiaten, die jährlich dem Staate eine Branntweinsteuer von $115^{5}/_{6}$ Mill. Rubel bezahlen und in deren Hauptstadt auf jeden Bewohner etwa 100 Liter Branntwein als jährlicher Consum fallen.

---

*) Nur einige von den bekanntesten wollen wir nennen; nur einige jener in den Augen der Russen heute so verächtlichen Deutschen, wie sie Richard Andree in einer trefflichen Bemerkung im „Welthandel", Heft IX, S. 475, anführt: Gmelin, Pallas, Krusenstern, Wrangel, Erman, Lessing, Ledebour, Rose, Ehrenberg, A. von Humboldt, Bunge, Gebler, Helmersen, von Schrenk, Schwarz, Ritter, Gorgi, Middendorf, Radlof, Kaiserlingk, Blasius, Radde, zu denen ich noch die Generale Totleben und Kaufmann, die Gelehrten Dorn, Baer, Schiffner und Schmidt (den Mongolisten) hinzufügen würde.

Ja, eben weil die Russen im strengen Sinne des Wortes Asiaten sind, und es noch lange bleiben werden, wird die aussergewöhnliche Machtanhäufung der Zaren noch lange nur ein Factor der rohen Gewalt, nicht aber ein Mittel zur Bildung und Veredlung der ihrer Leitung anheimgefallenen Völker sein. Wir sehen das klar genug in den Culturzuständen, in welchen sich die ansässigen Mohammedaner nach mehrhundertjähriger russischer Herrschaft befinden, während die Mohammedaner Indiens nach einer kaum funfzigjährigen britischen Herrschaft sich einer höheren Bildung erfreuen, als die Russen selbst. Noch mehr wird unsere Aussage durch den Umstand bestätigt, dass sich die Finnen unter der Aegide des Selfgovernment in Bezug auf Bildung so hoch über die Russen erheben konnten.

Hätten die Russen in ihrer Qualität als Asiaten ihr Augenmerk nur auf Asien allein gerichtet; würde das Haus Romanoff das Feld für seine Ambition nur jenseit des Urals suchen und sich von jedem Einflusse auf die Geschicke Europas enthalten, so brauchte man in der Voraussicht, dass russische Civilisation für Mohammedaner und Buddhisten vielleicht die Brücke nach Europa bilden kann, auf die Aggressionspolitik der Zaren nicht mit Verdacht hinzuschauen. Doch hat sich bisjetzt immer nur das Gegentheil gezeigt. Der Hof von Sanct-Petersburg kann, so wie er jetzt den europäischen Geist der rohen Kraft in Asien erfolgreich gegenüberstellt, vielleicht einmal das Experiment umgekehrt anwenden und in unserer Zeit der Eisenbahnen und Dampfschiffe gewiss erfolgreicher auftreten als zur Zeit Suwaroff's und Gortschakoff's. Nicht in den arg zerrütteten finanziellen Zuständen des russischen Kaiserreiches, nicht in den Prophezeiungen der Gefahr einer Revolution, welche Russland bedroht, und schliesslich nicht in der Theorie, der zufolge der zu grosse

Koloss in mehrere Theile zerfallen muss, soll Europa seinen Trost finden und seine Zuversicht suchen. Europa muss die natürlichen Bollwerke, die politische Constellationen gegen Russland geschaffen, befestigen, stark bewachen, nicht aber niederreissen, wie dies unsere kluge Diplomatie in der Neuzeit thut. Diese Bollwerke sind: 1) die Integrität des ottomanischen Kaiserreiches; 2) die Aufrechterhaltung des Gebietes der ungarischen Krone und 3) die Herstellung des Königreichs Polen. Unsere Diplomatie, die durch ihre Fahrlässigkeit und Oberflächlichkeit Russland am meisten zu seiner heutigen Stellung verholfen hat, pflegt diese drei Punkte als unübersteigbare Berge anzusehen. Doch wie leicht wäre es, dies alles durch ein aufrichtiges Verfahren zu Stande zu bringen?! Durch den Schutz, den die Westmächte der Türkei gewähren, sind eine Menge unmündiger Völker vom socialen Chaos und der Anarchie gerettet. Unsere schwärmerischen Humanisten können versichert sein, dass die Popanze des Halbmondes den politisch unreifen Walachen, Bulgaren, Bosniaken und Griechen bisjetzt noch sehr nöthig ist. Sind diese Völker lebensfähig, so werden sie sich auch ohnehin geistig über ihre Herrscher erheben müssen und ihre Unabhängigkeit wird nur dann gesichert sein, wenn sie zum vollen Selbstbewusstsein herangereift sein werden.

Auch in Ungarn, welches Russland mit panslawistischen Umtrieben durchwühlt, wird Europa keine ungerechte Sache vertheidigen. Dass hier das magyarische Element die leitende Rolle führt, ist erstens seiner numerischen Grösse, zweitens jener Ueberlegenheit zuzuschreiben, welche die Magyaren auf dem Felde der Bildung, des politischen Geistes, der Männlichkeit und der echten Vaterlandsliebe gegenüber allen andern Völkerschaften der Krone des heiligen Stephan gezeigt haben. Ungarn will nur sein Recht anerkannt haben und hat es **dieses**, so kann es gegen den von Norden Eindringenden dieselbe feste Mauer bilden, die es einst gegen die wildstürmende Macht der Osmanlis im Süden bildete. Was Polen betrifft, so ist es leider wahr, dass gar viele aus seinen krystallisirten Seufzern mit dem Meissel der Ironie die Fratze der Vaterlandsliebe schnitzen wollten. Es sind dies zumeist Schöngeister, die es nicht scheuen, die zartesten und heiligsten Gefühle in die schnöde Form der Tagesmode zu zwängen. Doch ist es zu bewundern, wenn eine lebensfähige Nation sich unter dem Henkerschwerte der Tyrannen sträubt und mit ihrem Stöhnen die Welt rührt? Wahrlich, es wäre höchste Zeit, dass Europa die unerhörte Ungerechtigkeit, die an Polen begangen wurde, einmal gut machen soll, hiermit eine Pflicht erfüllend, die es sich selbst und dem unterdrückten Menschenrechte schuldet. Sich selbst, sage ich, denn ein freies Polen wäre der stärkste Damm, welchen Europa dem von Asiens uralten Gauen sich herüberwälzenden Strome moskowitischer Macht entgegensetzen könnte, wenn dieser einmal, von Hochmuth geschwellt, mit seinen trüben Fluten gegen Westen treiben sollte.

Der vorsichtige Alpenbewohner denkt an Schutz, noch bevor er das Dröhnen des unheilschwangern Waldstromes vernimmt; unsere Diplomatie aber will noch immer nicht die Gefahr wittern, welche der Cultur und Freiheit der abendländischen Völker von seiten der gigantischen Machtstellung Russlands in Asien droht.

Nachtrag.

Die vorhergehende Studie war bereits fertig, ja sie lag schon einige Monate hindurch in meinem Schreibpulte, als die Nachricht eintraf, Russland wolle die Revision des Pariser Vertrags von 1856, und hiermit seine zeitweilig unterbrochene Aggressionspolitik fortsetzen.

Dass die europäische Leserwelt im allgemeinen die Gortschakoff'sche Note für einen aus heiterm Himmel einschlagenden Blitz ansah, ist ebenso sehr zu bewundern, als dass unsere Cabinete die Kündigung des Vertrags von 1856 aus legalen sowol als internationalen Gesichtspunkten einer Prüfung unterzogen und diesen neuesten Schritt des Cabinets von Sanct-Petersburg für einen solchen Casus hinnahmen, der auf diplomatischem Wege, nämlich durch Conferenzen oder durch sonstiges Uebereinkommen geschlichtet werden könnte.

Es ist wahrlich befremdend, dass man den frühern Ideengang der Politiker an der Newa ganz ausserhalb der Rechnung liess und selbst in jenen Kreisen, wo der Inhalt und Ton der Note zumeist verletzen musste, noch jene Motive in Anbetracht zieht, welche die Regierung des Zaren zu diesem neuen Schritte bewogen haben sollen. Es heisst nämlich, Russland, Herr von beinahe der Hälfte der Meeresküste des Euxinus, fühlt den Mangel einer

Seemacht erstens, um dem immer mehr und mehr zunehmenden Schmuggelhandel an seinen Küsten Einhalt zu gebieten, zweitens, um sich gegen eine etwaige Aggression im Defensivzustande erhalten zu können. Schmuggelhandel, wenn ein solcher existirte, könnte nur an der Ostküste dem circassischen Ufer entlang betrieben werden; doch glaubt denn die Welt, dass Russland hier gar keine Fahrzeuge habe, um seinen Handel zu schützen? Ist es denn nicht zur Genüge bekannt, dass ihm hier wohlgebaute Kauffahrteier und Schoner zur Verfügung stehen? Und was sollen wir erst zu der Furcht vor einem Angriff sagen? Also, das arme, schüchterne Russland fürchtet türkische Aggressionen, und glaubt, der Sultan, welcher seinen Truppen achtmonatlichen Arrièresold schuldet, welcher bald seine armenischen Bankiers, bald unsere europäischen Geldhändler wegen Anlehen bestürmt, welcher zu Hause die Hände vollauf beschäftigt hat, nun auf einmal in die Fussstapfen seiner Ahnen treten und einen modernen Barbarossa an die Küste des alten Kolchis schicken werde?! Armes Russland, das vor derartigen Gespenstern keinen ruhigen Schlaf haben kann, und o du tausendfach ärmeres Europa, das solch ungeschickte Palliative noch einer fernern Besprechung würdigt! Hätte Fürst Gortschakoff sein ebenso wichtiges als unverschämtes Memorandum noch vor einigen Jahren, als der Kaukasus nicht ganz pacificirt war, vom Stapel gelassen, so hätte Russland vielleicht in jenem Umstande einen triftigen Grund finden können, dass es auf Circassiens Boden von der See aus — was übrigens wegen des steilen Küstengebietes nur an wenigen Punkten möglich gewesen wäre — Truppen werfen wolle, oder dass es den den Bergbewohnern zugeschickten geheimen Subsidien den Weg abzuschneiden beabsichtige. Heute jedoch ist ein derartiger Vorwand null und nichtig, und da die letzten Emanationen der russischen Diplomatie ganz klar kundthun, dass in der gewünschten Revision des Pariser Vertrags von der Rückeroberung des abgetretenen Pruthgebietes gar keine Rede sei, sondern dass es einzig und allein eine Kriegsmarine anstrebt, die den Handel und die Grossmachtstellung Russlands am Pontus beschützen soll; so wäre es wirklich eine zu erzwungene Kurzsichtigkeit, in diesem Begehren einen unwiderlegbaren Beweis für die fernere Eroberungslust gegen die Türkei nicht zu entdecken.

Nur absichtliche Hintansetzung der eigenen Interessen und schlecht angelegte Sympathie für Russland können es uns verhehlen, dass man an der Newa ein Vorrücken gegen den Süden und einen Angriff auf Konstantinopel im Schilde führe.

Hat daher Russland durch einen einzigen Federzug bewiesen, dass seine Eroberungsgelüste nach dem ottomanischen Kaiserreiche so manche wesentlichen Interessen des Abendlandes ebenfalls gefährden, und unsererseits die grösste Achtsamkeit erheischen, so ist es andererseits durch Verletzung der gezeichneten und mit dem verpfändeten Ehrenwort gesicherten Tractate eines solchen Verbrechens schuldig geworden, dessen Bestrafung in jeder Hinsicht den Garantie- und Signatarmächten eine unversäumbare Pflicht ist. Würde sich Europa in dieser Hinsicht den Ideen, die John Stuart Mill und Mr. Froude in der „Times" kundgaben, anschliessen, deren Feder mehr die Liebe zur Erhaltung des Friedens als die logische Folgerung aus der Sachlage leitete, so wäre principiell der Weg zur freundlichen Verständigung in Zukunft abgeschnitten, der Krimkrieg hätte nach Erstürmung von Malakoff nicht unterbrochen werden dürfen, und der Kampf zwischen Frankreich und Deutschland müsste heute, da die Validität der Tractate im allgemeinen fraglich geworden ist, so lange fortgesetzt werden, bis nur noch Einem kampffähigen Franzosen Ein Deutscher auf dem Schlachtfelde, ja in beiden Ländern gegenübersteht.

Sehen wir der Frage offen ins Gesicht, und es wird sich herausstellen, dass die Lösung der vorhandenen Schwierigkeiten nur auf drei Wegen möglich ist. Nämlich 1) ein vollständiges Gewährenlassen der russischen Diplomatie; 2) eine Revision des Tractates und 3) schroffen Widerstand, d. h. Krieg.

Sind die europäischen Westmächte gesonnen, den ersten Weg einzuschlagen, so hat Russland sein Ziel erreicht, dessen Früchte schon in der nächsten Zukunft ihm die alleinige Herrschaft auf dem Schwarzen Meere, die Besitznahme Konstantinopels und die Herrschaft über Rumelien, wenn nicht über einen grossen Theil der asiatischen Türkei verschaffen werden, denn das russische Versprechen für derartige Gewährsleistung, die Integrität des ottomanischen Kaiserreiches anerkennen zu wollen, kann 1871 ebenso wenig beruhigend wirken, als das ähnliche Versprechen im Vertrage von Hünkiar-Skellesi, auf dem der Krimkrieg folgte. Diese Massregel hat natürlich die wenigsten Chancen; doch desto mehr ist man geneigt, den zweiten Weg zu betreten, nämlich nach Zurückziehung der russischen Note die härtern Punkte des Vertrages von 1856 zu revidiren, ein Vorgehen, das ich für nicht minder gefährlich als das erstere halte; denn erstens klagen sich die Signatarmächte ihres willkürlichen Verfahrens und ihrer gar zu aussergewöhnlichen Strenge selbst an und plaidiren demzufolge für Russlands Verlangen am meisten, zweitens wird und muss eine einmal in Anwendung gebrachte Nachgiebigkeit Russlands Recht auch auf fernere Nachgiebigkeit begründen, denn im Fall dass man z. B. heute die Zahl der Schiffe von 6 auf 12 oder noch mehr erhöhen sollte, wer steht uns

dann gut dafür, dass data occasione Russland die eben
jetzt stipulirte Zahl für die Zukunft nicht wieder zu gering
und unzureichend finden werde? Die russische Diplomatie
könnte daher auf diesem zweiten Wege, wenngleich nur
gradatim, aber doch dasselbe erreichen, was auf dem ersten,
und ein derartiges Schlichten der obwaltenden Differenzen
wäre wie jede halbe Massregel ärger als gar keine.

Geben wir uns daher selbst keinen Täuschungen hin,
und gestehen wir es offen, dass unter den gegenwärtigen
Verhältnissen zur Sicherung der europäischen Interessen
keine andere Massregel vorhanden ist, als die dritte: nämlich Russland zieht seine Noten zurück und hält sich an
den Vertrag von 1856, oder der Krieg, ja der Krieg mit
aller seiner möglichen Energie und Ausdauer, denn wenn
wir gleich zugeben, dass ganz Europa heute nur unmittelbar gefährdet ist, so sind es sicherlich doch zwei der
Signatarmächte, denen die russische Aggression ziemliches
Bedenken verursachen soll, und besonders ist England
jener Staat, dem die Politik des Cabinets zu Sanct-Petersburg am meisten zu Leibe geht, da Russland zur Unter-
grabung der englischen Interessen nicht nur in der europäischen Türkei, sondern auch und das zumeist in Centralasien geschickte Minen angelegt hat, Minen, deren Existenz bekrittelt, geleugnet und verspottet wurde, die wir
aber demungeachtet doch als factische Thatsache erklären
müssen.

Was wir unter den politischen Minen in Centralasien
verstehen, bedarf nach dem Vorhergegangenen keiner fernern Erörterung; unter den gegenwärtigen Verhältnissen
sind es hauptsächlich folgende Fragen, die unsere volle Aufmerksamkeit verdienen. Erstens: Worin bestehen die geheimen Agitationen Russlands gegen England in Mittelasien? Zweitens: Inwieweit vermag das Gelingen derselben die britischen Interessen in Indien zu beschädigen?

Und drittens: Kann England die Hiebe seines Feindes hier pariren und seine Plane vereiteln? Die erste Frage betreffend, müsste man wirklich zu optimistisch gesinnt und zu kurzsichtig sein, um nicht die offenen und versteckten Angriffe gewahr zu werden, welche Russland gegen England in der letzten Zeit unternommen hat. Seitdem die Fahne mit dem Adler auf den Zinnen Samarkands weht, sind die Feindseligkeiten gegen die Oezbegen soviel wie eingestellt, desto ausgebreiteter aber wurde das Spiel in Afghanistan. Als wir noch vor zwei Jahren die strenge Neutralisirung letztgenannten Landes anriethen, da war es schon vorauszusehen, dass Russland trotz seiner Betheuerungen, nicht über den Oxus gehen zu wollen, in den Wirren an dem Hofe zu Kabul einen bedeutenden Antheil nehme. Die Briten leugneten rundum jede Existenz irgendeines russischen Einflusses, wollten aber trotzdem ihrem Gegner zuvorkommen, und schlossen im Meeting von Umballah mit dem Sohne Schir Ali Chan's ein Schutz- und Trutzbündniss, das bedeutende Kosten nach sich zog, bisjetzt aber für all die Subsidien in Geld und in Waffen den britischen Interessen nur blutwenig genützt hat. Dass dies so ausgefallen, dass die Thalgegenden des Hilmends nicht pacificirt, dass die Wirren im Kreise der Familie Dost Mohammed Chan's nicht beseitigt wurden, ja dass in der Neuzeit der eigene Sohn Schir Ali's, der ci-devant designirte Thronfolger als erbitterter Gegner seines Vaters ins Feld trat, dafür wollen wir die Russen nicht unbedingt verantwortlich machen. Wir bedürfen auch keiner weitgreifenden politischen Combinationen, wir haben offene Thatsachen, die für Russlands anderseitiges Auftreten in Afghanistan sprechen. Hierher gehören in erster Reihe die Protectionen, welche der Gouverneur von Taschkend dem flüchtig gewordenen afghanischen Prinzen auf turkestanischem Boden gewährt. Wir wollen nur zwei hervorheben: Iskender Chan, der russischerseits ganz verhätschelt wird und von dessen legalen Ansprüchen auf den Mesned (Herrschersitz) in Kabul, von dessen tapferm und edlem Sinne die russischen Blätter nicht genug zu erzählen wissen. Der zweite ist Abdurrahman Chan, Sohn Afzal Chan's, der nach dem Tode seines Bruders Azim Chan's die Führerrolle der feindlichen Partei des jetzigen Herrschers übernommen, als solcher die an den Oxus grenzende Provinz der Afghanen, nämlich das afghanische Turkestan mit der Hauptstadt Belch, eine lange Zeit hindurch beunruhigte, und als er die Unzulänglichkeit seiner eigenen Kräfte gewahrte, auf das jenseitige Oxusgebiet, nämlich nach Bochara sich flüchtete. Im Anfange war man der Meinung, dass es Verwandtschafts- und Freundschaftsverhältnisse seien, die ihn zur Hauptstadt am Zerefschan hingezogen, doch stellte es sich später heraus, dass er daselbst von Russland freundlichst aufgenommen, gar nicht in Bochara, sondern in Samarkand seinen Sitz aufgeschlagen habe, ja was noch mehr, mit bedeutenden Subsidien vom russischen Hofe unterstützt, seine Angriffsplane auf seinen Onkel ganz ungehindert fortsetze. Wer wird nun unter solchen Umständen nicht fragen, was denn die russischen Rubel in der Hand Abdurrahman Chan's erzielen wollen? und wer wird hierin kein offenes Attentat auf den Protégé Grossbritanniens, also auf Grossbritannien selbst erblicken wollen?

Nebst diesem offenen Spiele haben russische Intriguen in den letzten sechs Monaten mit Hülfe Bocharas, folglich mittelbar auch in einer andern Richtung Afghanistan zum grossen Aerger der Engländer unterminirt. Ich ziele nämlich auf das immer mehr erstarrende Verhältniss zwischen dem kleinen Chanate von Meimene und dem Herrscher von Kabul. Ersterer, lange Zeit hindurch in unerschütterlicher Treue gegen Schir Ali Chan verharrend, hat infolge der

Einflüsterungen des Emirs von Bochara in letzterer Zeit Schir Ali Chan sichtlich den Rücken gekehrt, ja es hat mit dem zweifelhaften Herat eine gemeinsame Stellung eingenommen, und wie sich vermuthen lässt, selbst mit Serdar Jakub Chan, dem abtrünnigen Sohne Schir Ali's, sich verbunden. Bochara treibt heute auf eigene Faust keine Politik, und der ganze Anschlag wird früher oder später nur Russland zugute kommen müssen.

Wiederholend, was wir schon oft ausgesprochen, dass nämlich das Cabinet von Sanct-Petersburg bezüglich des armen und gebirgigen Afghanistans bisjetzt noch keine unbedingten Eroberungsplane vor Augen hat, wird es doch jedem einleuchtend sein, dass selbst der Statusquo der dortigen Angelegenheiten hinreichte, um auf den Hochstrassen über Kabul und Kandahar den russischen Intriguen in Bezug auf das Ziel ihrer Wünsche, nämlich das nördliche Indien betreffend, freien Spielraum zu gewähren. Der Gouverneur von Taschkend oder Samarkand braucht nur Abdurrahman Chan sammt seiner Clique die kleinste Hülfe zutheil werden zu lassen, und er wird in kurzer Zeit sich Belchs bemächtigen; und da die neuaufgelegten Steuern und die aufgedrungenen Civilisirungsmassregeln das Gros des afghanischen Volks ohnehin sehr erbittert haben, so wird selbst der verächtlichste, winzigste Funke das Land der Afghanen leicht in Flammen stecken. Wer nun von den beiden Kronprätendenten, ob nämlich Abdurrahman Chan oder Serdar Jakub Chan, die Oberhand gewinnen wird, das ist am Ende gleichgültig; so viel ist sicher, dass die afghanischen Wirren einerseits das Terrain für russische Intriguen am besten ebneten, andererseits dass sie ihren Einfluss auf die räuberischen und unruhigen Einwohner des Cheiberpasses nicht verfehlen können; sie sind namentlich das beste Fahrwasser für den wilden Britenhass und Fanatismus der sogenannten **Hill tribes**, die den

Engländern selbst zur Friedenszeit viel zu schaffen geben und bei allgemeiner Unruhe desto gefährlicher werden.

Was nun die zweite Frage, nämlich die Tragweite der Gefahr russischer Anschläge auf Indien betrifft, so ist es ja schon von längsther ein offenes Geheimniss, dass die Moskowiten eben deshalb hier, nämlich am Nordost- und Nordwestrande Indiens, die Achillesferse britischer Interessen entdeckt haben, weil daselbst die meist revolutionären Unterthanen der britischen Krone wohnen, Leute, die den Untergang der ehemaligen Mogulenherrschaft am meisten bedauern, weil ihre Interessen durch das Absterben des feudal-aristokratischen Regierungssystems am wesentlichsten beeinträchtigt wurden, Leute, die der mohammedanische Religionsfanatismus zu der erbittertsten Rache anstachelt, und schliesslich Leute, die kräftiger, energischer als ihre Landsleute im Süden, im Untergraben der britischen Herrschaft in Indien bis heute noch nie ermüdeten. Ich glaube, es wird wenig Anglo-Indier geben, die nicht zur Ueberzeugung gelangt wären, dass diese ungefähr 40 Millionen Mohammedaner Indiens trotz den Wischnuanbetern, die ihnen an der Zahl vier-, ja beinahe fünffach überlegen sind, der Pacificirung und Civilisirung der Indischen Halbinsel die grössten Hindernisse in den Weg stellen. Erstens sind die Mohammedaner verhältnissmässig gebildeter als die übrigen; das Verhältniss der Schrift- und Lesekundigen ist bei ihnen ein günstigeres und die Möglichkeit, gewisse Ideen durch Zeitungsorgane zu verbreiten, bei ihnen eine leichtere; zweitens hat eben die Ueberlegenheit der Hindus an der Zahl unter den Mohammedanern in demselben Masse den Geist der Einheit und Brüderlichkeit geschaffen, in welchem ihr glühender Hass gegen das Christenthum sie zu den verwegensten Verschwörern herangebildet hat. Was sind Carbonari und sonstige Verschwörer Europas im Vergleiche zu den Vehabiten im

Norden Indiens? Mangel an Wachsamkeit kann man den Engländern nicht zum Vorwurfe machen; dennoch vergeht kein Jahr, wo man nicht mehrern weitverbreiteten Comploten auf die Spur gekommen wäre, Complote, die strengstens bestraft, dennoch aber wieder weiter gesponnen werden, und die alle auf den Untergang der englischen Herrschaft hinzielen.

Von den grossen Massen der indischen Bevölkerung sind nur die Kaufleute und Industriellen diejenigen, die keinen Herrscherwechsel wünschen; die übrigen sehen alle dem Einbrechen russischer Macht mit Sehnsucht entgegen. Es sind noch keine drei Jahre, dass die Schüler einer Schule im Nordwesten Indiens die russische Sprache als einen obligaten Lehrgegenstand erlernen wollten; denn es war ein geschickter Zug der russischen Propaganda, die Nachricht allgemein zu verbreiten, dass die Russen Mohammedaner seien. Dies lässt sich in Sindh und Pendschab jetzt niemand mehr ausreden, und da noch obendrein in der letzten Zeit die mohammedanische Bevölkerung Indiens infolge ihrer revolutionären Neigungen von den Briten thatsächlich überall zurückgesetzt wird, wogegen indisch-mohammedanische Zeitungen laute Klage führen, so wäre es wirklich schwer, die Tragweite der Gefahr zu ermessen, die aus einer, wenngleich mittelbaren Annäherung Russlands an Nordindien für die Engländer entspringt.

Unter solchen Umständen gewinnt selbstverständlich die dritte Frage, inwiefern es nämlich Grossbritannien ermöglicht ist, das Vorhaben seines Feindes zu vereiteln, desto mehr an Gewicht. Hätte England seit den letzten 25 Jahren, anstatt von der Plattform seiner Höhe mit Selbstzufriedenheit und allzu grosser Zuversicht auf seine eigenen Kräfte, auf die zu seinen Füssen liegenden Schätze herabzublicken, sich mit der Zukunftspolitik mehr beschäftigt, hätte es anstatt den Zenith seines Ruhmes zu

bewundern mehr auf die feste Umzäunung seiner Macht
gedacht; so wäre diese Frage leichter zu seinen Gunsten
zu beantworten gewesen. Doch so, wie die Verhältnisse
heute stehen, wo aus dem Kampfe der verschiedenen politischen Parteien im Lande eine merkliche Vernachlässigung der Colonialinteressen im allgemeinen entsprungen
ist und „Pfennigkargheit" in den meistwichtigen politischen
Fragen tonangebend war, da wäre es schwer, zu einem
andern Resultat zu gelangen, als dass Grossbritannien
infolge seiner Fahrlässigkeit die Machtströmung seines
Rivalen heute schon derartig vordringen liesse, dass ihm
ein Aufhalten desselben schwer, ja fast unmöglich
geworden ist. Diese kleinliche sogenannte Krämerpolitik hatte zur Folge, dass in England eine bedeutende
politische Fraction entstand, die in der Besitzfrage der
Colonien, folglich auch Indiens den grössten Indifferentismus an den Tag legte; sie will ein industriereiches,
wohlhabendes, freies und im Innern mächtiges England
haben, und meint, dass dieses ohne Machtstellung im
Auslande zu erreichen sei, da der Coloniengürtel der britischen Krone nur einen fahlen Glanz verleiht, auf dem
sich die pompsüchtigen Conservativen umhertummeln
wollen, das aber im Grunde genommen der grossen britischen Nation selbst mehr Opfer kostet, als Nutzen trägt.
Dass sich die Liberalen in dieser politischen Anschauungsweise bedeutend irren, wird jedem ersichtlich werden,
der die Geschichte Hollands, Portugals und sonstiger
Handelsstaaten genau studirt hat. In dem starkbevölkerten Altengland werden die Folgen dieser fehlerhaften Politik noch fühlbarer werden, und sollten die Staatsmänner
an der Themse nur noch einige Jahre hindurch in diesem
Irrthum verharren, so wird die Annahme, dass England
den ewigen Gesetzen der Natur von dem Zenith seines
Ruhmes abwärts eilt und eilen muss, mit Recht Verbrei-

tung finden. Die Vorsichtsmassregeln zur Vereitelung eines russischen Angriffs auf Indien, sei dieser physischer oder moralischer Natur, nämlich die Vermehrung des europäisch-indischen Heeres, die Ausdehnung des Eisenbahnnetzes und sonstige Mittel zur Erleichterung der militärischen Operationen können den Umsturz der britischen Flagge auf indischem Gebiete nur verzögern, aber nicht vereiteln. Russland war von jeher, und wird noch lange ein zäher Feind bleiben, den weder innere Wirren noch ein auf Jahre hinausgeschobener Kampf vom vorgesteckten Ziele abwenden können. Mit der Gefährdung britischer Interessen in Indien gehen nicht nur Hunderte von Millionen britischen Kapitals zu Grunde; es sinkt mit derselben auch seine Grossmachtstellung in ganz Asien, ja in der Welt im allgemeinen. Die philosophischen Argumentationen des Herrn John Stuart Mill, die von theoretischen Gesichtspunkten ausgehen, mögen mit dieser Ansicht noch so sehr im Widerspruche stehen; die unerbittliche Folgerung der Geschichte wird ihn dennoch nur eines Fehlers überführen. Russland mag mit seiner Aggressionspolitik am Oxus, am Bosporus oder am Hindukusch auftreten; es ist dies immer so viel, wie wenn es Southampton, Liverpool oder London angegriffen hätte. Und da England heute in Amerika nur wenig zu suchen hat, in Afrika dagegen fast gar nichts; so darf es nicht für eine Uebertreibung gelten, wenn wir die Behauptung aufstellen, dass der Brite auf den Gauen des alten Asiens, wenngleich nicht pro aris et focis, doch für die Macht und Grösse seines Banners zu kämpfen hat.

Sind wir daher zur Ueberzeugung gelangt, dass England zur Abwehr der russischen Aggressionspolitik nicht befähigt und auch nicht gewillt ist — denn so zeigt es wenigstens die jetzt am Ruder stehende liberale Partei — so muss es den übrigen europäischen Cabineten obliegen, in die Schranken zu treten; namentlich müssen Deutschland und Oesterreich-Ungarn die Pflicht eines energischen Auftretens übernehmen, sie müssen dem aussergewöhnlichen Wachsthum der russischen Macht eine solche Barrière entgegensetzen, die nicht auf dem morschen Grunde von Tractaten, sondern auf der soliden Basis einer gemeinschaftlichen Wehr fusst. Dass ein gemeinschaftliches Wirken schon heute von nöthen ist, wird wol niemand mehr bezweifeln; die Frage ist hier nur, ob eine derartige Massregel noch aufgeschoben werden darf, und ob es erlaubt ist, sich selbst durch fernere Palliative in demselben Masse einem täuschenden Sicherheitsgefühle, hinzugeben, in welchem man Russland dadurch zur fernern Machtanhäufung die Hand bietet? Wohl ist die Zeit schon längst vorüber, wo man das Uebel noch im Keime hätte ersticken können, und der nordische Koloss ist dermassen angeschwollen, dass bei einem Kampfe gegen denselben nicht mehr von einzelnen Ländern, sondern von der Allianz der Westmächte die Rede sein muss; denn wenn im letzten Krimkriege trotz aller grossen Anstrengungen Europas, wo jeder, der es nur vermochte, sein Scherflein zur Demüthigung Russlands beitrug, das Endresultat des Krieges doch nur ein verhältnissmässig geringes zu nennen ist, wie wollen unsere abendländischen Cabinete in der Zukunft dieser Aufgabe gewachsen sein? Heute ist das gigantische Reich des Zaren von Eisenbahnlinien nur noch spärlich durchzogen, doch werden dieselben das Land schon in nächster Zukunft nach allen Seiten hin durchschneiden und von einem Ende bis zum andern verbinden. Heute ist durch die Emancipirung der Leibeigenen die Gesellschaft in einer Uebergangsperiode begriffen, das Gefühl der Nationalität und des Grossrussenthums befindet sich nur noch auf dem ersten Stadium seiner Entwickelung, die immensen Hülfsquellen des reichen Bodens sind noch kaum zur Hälfte verwerthet, und schliesslich ist heute noch jene Masse fremder Völkerschaften, die eine glückliche Politik aus verschiedenen Zonen und ethnographischen Abtheilungen herbeigerufen, noch nicht in dem Processe der Amalgamirung, das ist noch nicht in Russificirung aufgegangen. Hätten die Westmächte die Aussicht, dass die nächste Zukunft Europas glücklichere Constellationen, geeignetere Mittel zur Verwirklichung ihres Vorhabens mit sich bringen wird, so wäre das Abwarten wol gerechtfertigt; doch wir dürfen unsere Blicke noch so weit ausschicken, nirgends wird uns eine derartige Hoffnung begegnen, ja wir werden sogar das Gegentheil wahrnehmen, denn mit jedem Jahre, mit jedem Tage, der abläuft, gewinnt nicht nur das gigantische Russland in Asien an intensiver Kraft, sondern es dehnt die künstlich angelegten Minen seiner höllischen Machinationen immer tiefer und tiefer in Europa selbst aus. Wer von uns wollte mehr heute die panslawistischen Bestrebungen, die so viele Schichten der ottomanischen Bevölkerung durchdringen, die einerseits durch Kroaten und Wenden bis tief in die Steiermark, andererseits durch Serben, Slowaken, Mährer und Czechen bis in das Erzgebirge hineingetragen werden, noch ignoriren? In jedem Moment des Aufschubes geht ein ganzes Jahrzehnt mit seinen günstigen Gelegenheiten verloren; und wenn Europa, vom Pflichtgefühle seiner eigenen Rettung aufgefordert, sein Veto selbst damals ertönen lassen sollte, wenn Russland sich mäuschenstille verhält, warum sollte man eben dann um jeden Preis den Frieden anstreben, wenn das Cabinet von Sanct-Petersburg selbst als herausfordernder Fechter in die Arena tritt?!

Tractate, die immer und zu aller Zeit nur so lange bindend waren, als ihr Inhalt den Paciscenten behagte, können Russland gegenüber die gefährdeten Interessen Europas heute nimmermehr schützen. Der rohen Macht kann nur rohe Macht gegenübergestellt werden, und wie schrecklich auch immer der Krieg sammt seinen immensen Opfern und Nachwehen erscheinen mag, so ist er dennoch heute nur noch das einzige Mittel, welches der russischen Ambition eine Grenze setzen kann. Will das mit aller Gewalt sich altersschwach dünkende Grossbritannien seine Sache mit dem russischen Bären auf friedlichem Wege ausgleichen, nun so soll es dies thun; das übrige Europa, besonders aber Deutschland und Oesterreich-Ungarn, müssen anstatt nach der diplomatischen Feder rüstig nach dem Schwerte greifen, nach dem Schwerte, das dem moskowitischen Uebermuthe heute noch genug gewachsen ist, und das jene christlichen Asiaten auf jenes Feld zurückzudrängen vermag, nämlich nach Asien, von wo sie ihren Ursprung genommen, und wo sie ihren eigentlichen Wirkungskreis in der Gegenwart und Zukunft haben!

www.ingramcontent.com/pod-product-compliance
Lightning Source LLC
Chambersburg PA
CBHW031359160426
42814CB00036B/44